中唐李元宾研究

王南冰 ◎ 著

中国社会科学出版社

图书在版编目（CIP）数据

中唐李元宾研究／王南冰著 . —北京：中国社会科学出版社，2017. 3
ISBN 978 - 7 - 5161 - 9375 - 4

Ⅰ. ①中… Ⅱ. ①王… Ⅲ. ①李观（766—794）- 人物研究②古典
散文 - 古典文学研究 - 中国 - 唐代 Ⅳ. ①K825. 6②I207. 62

中国版本图书馆 CIP 数据核字（2016）第 280680 号

出 版 人	赵剑英
责任编辑	任 明 陈肖静
责任校对	刘 娟
责任印制	李寡寡

出　　版　中国社会科学出版社
社　　址　北京鼓楼西大街甲 158 号
邮　　编　100720
网　　址　http：//www. csspw. cn
发 行 部　010 - 84083685
门 市 部　010 - 84029450
经　　销　新华书店及其他书店

印刷装订　北京市兴怀印刷厂
版　　次　2017 年 3 月第 1 版
印　　次　2017 年 3 月第 1 次印刷

开　　本　710×1000　1/16
印　　张　10
插　　页　2
字　　数　174 千字
定　　价　48.00 元

前　言

　　李观，字元宾，唐德宗时期的古文家。他在贞元年间颇具文名，时人称其与韩愈不相上下。在文辞的运用上，他甚至能比韩愈略胜一筹。他提倡"文贵天成"，积极从事古文创作，对日后的古文运动有很大的推动作用。但他英年早逝，声名逐渐湮没。至今，他的名字已不被太多的后人所知晓，他的文学地位更难为后世所论道。基于此，有必要对他进行全面细致、客观公允的描述和研究，以展现出他不容忽视的文学价值。在相关研究成果的基础上，本书以中唐的历史和文化为背景，从生平、交游、版本、思想、语言等方面对李观及其《李元宾文集》进行了较为系统的研究。

　　首先，对李观生活的大历、贞元年间的社会进行了回顾和描述。安史之乱后，唐王朝由盛转衰，士人的生存状态、文化心态亦随之变化，萌生了复兴儒学的强烈愿望。李观沉浮其中，其文章对身处的过渡性时代多有反映。

　　其次，对李观的家世、生平、作品年代进行了钩稽和考辨。在前人研究成果的基础上，对其文章涉及的二十九年的生活行事集中编年，把他的人生历程归结为三个阶段：研习阶段、求遇阶段和入仕阶段。在搜集、整理李观生平资料的基础上，对李观作品所涉人物进行细致考辨。前辈的提携和同辈的切磋，不但促使其古文精进，而且推动他平步青云。

　　再次，比勘现存《李元宾文集》版本及历代书目著录材料，以时代为先后，梳理李观诗文版本的载录、传抄和刊刻情况，展示其版本源流，考见其版本优劣。认为：陆希声编纂的三卷本《李观文集》是祖本，赵昂编纂的三卷外编二卷本《李观文编》，使李观诗文的基本面貌得以保存，现存李观文集明、清抄本多源于此本。秦恩复编纂的六卷本《李元宾文集》是集大成的本子，最为详赡。

在此文献基础上，对《李元宾文集》的思想和内容从述古、论今、说文三方面进行了归纳总结。综观整部《李元宾文集》，他的尚汉意识、儒道思想、复古精神、悯人情怀和赤子之心，充溢其中。其内容从维护国家统一，批判藩镇割据，到讽谏统治者因材施用，勉励胞弟读书为人，无不表现出他对家国人民的热忱和责任。

最后，分析《李元宾文集》各具特色的文体类型和骈散穿插、韵散结合、句式多样、长于说理、善用典故的语言风格。

李观以他的古文创作实践丰富了唐文宝库，奠定了他在中唐贞元年间文坛上应有的地位。他的生平以及他的文章，都值得我们去深入研究。

Abstract

Li Guan, whose another name was Li Yuan bin, was a famous prose writer at the time of De Emperor in Tang Dynasty. He was well-known at that time and his achievement was thought to be equal to Han Yu's, even superior to him in the article's diction. He proposed that the articles were formed by talent and wrote many proses, which prompted the activity of the ancient Chinese prose. However, he was dead at his early age and his repute was ignored. Until now few people knew his name, not to mention his status in literature. Because of the reasons mentioned above, it is very necessary to fully describe his story and research his prose, which can display his important literary status. This book, on the basis of the related researches and under the historical background of Mid-Tang Dynasty, systematically researches the character of Li Guan from his experience and the language and spirit of the collections of Li Yuan-bin's prose.

Firstly, this book describes the social environment of Dali and Zhenyuan. After the rebellion of Anshi, the situation of Tang Dynasty turned from prosperity to slump. At the same time, the living standard and cultural attitude of the literators changed and they aspired the idea of revitalization of Confucianism. So Li Guan was one of the persons with the thought and his proses represented the characteristics of the transitional times.

Secondly, this book pays much attention to the relationships of Li Guan's extraction and his experience and the times of his works. On the basis of the productions of the predecessor, this book divides his life into three parts: research period, pursuit period and administrative period, according to his works involved 29 years' life. Then it analyses the characteristics of his works and concludes that the supports of the predecessors and the discussions between compeers have not only prompted his proses but also made him rapidly go up in the world.

Thirdly, this book compares the different editions of the collections of Li Yuan-bin's prose and the materials, ordering the proses in the light of the times, clearing up the record and the copy by writing and the publish of the edition of Li Guan's prose, shows the origin of his edition and distinguishes the advantage and the disadvantage. This book thinks that three-volume edition of the collections of Li Guan's prose complied by Lu Xi-sheng was the origin and three-volume and extern two-volume edition complied by Zhao Ang was kept the initial visage, and the current editions come from this edition. Six-volume editon complied by Qin En-fu was the most detailed.

Founding on these literatures, this book concludes the spirit of the collections of Li Yuan-bin's prose from three viewpoints, that is, returning to the ancient, nowadays and the style of prose. The whole volumes of the collections of Li Yuan-bin's prose embodies his awareness of Chinese spirit, the Confucianism, his thought of returning to the ancient, his beneficence and faithfulness. The content of his works displays his zeal and responsibility to the nation and the people, maintaining the whole country unification, condemning the schimatic's behaviour, lampooning the politicians and encouraging his brother to conduct himself.

Lastly, this book analyses the language characteristics of the style and the sentences: integrating parallelism in prose; incorporation prose with verse; reasoning; literary quotation, and so on.

Li Guan and his works enrich Tang literature and consolidate his status at the literature of Zhenyuan in Tang Dynasty. His experience and his works are all worth of our research.

目　　录

第一章

导　论

第一节　研究的缘起

李观（766—794），字元宾，郡望陇西，寓居江东吴地，中唐古文家。贞元八年（792）进士及第，登"龙虎榜"，又中博学宏辞科，授太子校书郎。他与韩愈相友善，共同致力于古文创作。他的古文，较为真实地反映了唐德宗时期的社会现实，体现了当时的"尚辞"风尚，是中唐时期的一位重要作家。但是，李观的生平事迹在历代文献中记载甚少，当今学术界给予李观的关注也极其有限，研究李观的论文更是寥寥无几，有关文学史偶尔提及也只是一笔带过，论述极略。

其实，与时代相近的韩愈、欧阳詹、皇甫湜、李翱等人相比，李观的散文并不逊色。陆希声称其文"不古不今，卓然自作一体。激扬超越，若丝竹中有金石声"①。在他短短的二十九岁的生命中，留下了四十九篇散文作品，囊括了古文的碑、赋、记、铭、颂、赞、序、箴、说、志、论等多种体裁。如果我们能对李观散文进行认真研读并善加利用，不仅可以考订载籍的得失，亦可以补充史传的缺漏。

古文运动兴盛之前，李观已积极投身古文创作实践。他的散文彰显着古文运动的实质问题，其体裁、题材、语言、内容和思想都体现着儒家风范和复古倾向。李观可谓是古文运动的先行者，他所写的古文与韩愈相应和，增强了古文运动全面开展前的创作力量，这对于古文运动的进展是不可缺少的。

因此，李观不应该湮没在浩瀚的文海中，他当年的才情、抱负和努力更不应该因他的夭亡而磨灭。同时，作为"龙虎榜"的成员，他与贞元

---

① 《李元宾文集·序》，一叶上。此为陆希声序，前有秦恩复序。

年间的许多名士都有交往。因而，了解李观对于深入了解中唐时期其他人物裨益良多，尤其可给韩愈早年经历的深入研究增加注解。鉴于此种情况，有必要对现有的李观研究成果进行梳理和回顾，以明晰前人研究所到达的高度，把李观研究这项工作深入地开展下去。

第二节　研究价值

唐朝是中国古代文章发展变化的一个重要历史阶段，《全唐文》《唐文拾遗》和《唐文续拾》共收入唐五代文三千五百多家，两万二千多篇。中唐则在整个中国古典文学发展中构成极为重要的一环，成为"古今百代之中"。唐代中期思想学术和社会思潮的核心理念是复兴儒学，即以强烈的拯时淑世精神重新确立儒家的价值观念，并以此来匡正时弊，解决新的时代课题。文人饱读儒家经典，有强烈的济世安民、建功立业的理想和抱负，他们诉诸笔端，借文章来复兴儒学。他们文章中表现的复古倾向，形成了一股复古的思潮，这种复古思潮成为文体革新的动力。儒学的重新振兴和自我建构成为中唐历史文化发展的时代契机与直接动力。

唐文遗存浩大，但其研究长期滞后于唐诗研究和唐五代词研究。中唐地位重要，但对其作家研究不够。因此，研究现状与研究价值极难相称。唯有对整个中唐时期的散文家进行系统的研究，才能体现唐代文学的繁荣和当时的文学创作实际，才能比较深入地认知影响深远的古文运动。

近些年，中唐文研究集中在韩柳大家，使研究态势严重失衡。大作家是时代的风向标，固然值得重视，而遗忘于历史角落的众多小作家，其相互唱和，更能昭示时代风气和历史走向。况且，唐代的古文运动不是一蹴而就的，它的发展必然有一个渐进的过程。

李观作为古文运动前期的推动者，留存下的《李元宾文集》汇集了他毕生的古文作品，对其人生历程和文学创作的追寻和探讨，能够较为细致地从一个角度分析了解中唐时代及唐代文学。

第三节　前人研究成果述评

相对于兴盛的唐诗研究而言，唐代散文的研究是一个比较薄弱的环节。就李观研究来说，囿于资料所限，前贤专门对李观进行研究的成果数量更是不多。所幸的是，在有限的研究成果当中，研究的角度和方法都各具特色，呈现出百花齐放的研究态势，颇有可取之处。归纳起来，表现在下面三个方面。

一 生平研究

关于李观的生平，前人意见不一。归结起来，主要是围绕以下五个问题进行探讨的。

（一）卒年

李观的卒年，两唐书没有记载，历代名人年谱以及各种疑年录均未能著明李观逝世的确切时间。1937 年，岑仲勉先生发表《李观疑年》，首次提出这一问题①。他先通过分析韩愈《李元宾墓志》的文意，推断李观二十七岁登第。再结合《登科记考》，考证出贞元八年（792）李观举博学宏辞。在此基础之上，用李观遗文相佐证，考定李观的卒年为贞元十年（794）（岑仲勉，2004：433—434）。这一观点已经得到学界认可，沿用至今。

（二）籍贯

对于李元宾的籍贯问题，共有以下三种意见：

1. 江东说。《直斋书录解题》载："《李元宾集》五卷，唐太子校书，江东李观元宾撰"（陈振孙，1987：477），称李元宾为"江东李观"。

2. 赵州说。《新唐书·李华传》云："李华，字遐叔，赵州赞皇人。""宗子翰，从子观，皆有名。"（欧阳修等，1975：5776）认为李观与李华同为赵州赞皇人；《全唐诗》载："李观，字元宾，赵州人。"（彭定求等，1999：3599）清光绪十年，王灏《书新刊〈李元宾文集〉跋》云："观，字元宾，赵州赞皇人"②（李元宾，1985）；《李元宾文编》四库提要也载："观字元宾，赵州赞皇人（李元宾 b，1993）。"20 世纪以来，持此论说的是郭豫衡先生。在《中国散文史》一书中，他介绍李观为"赵州赞皇（今属河北）人"（郭预衡，1993：195）。对于李观是否属于赵郡李氏，岑仲勉先生持反对意见。在《中唐四李观》一文中，岑先生列举韩愈作品中有关李观的两篇文章，认为："唐人虽有攀附著望之积习，然除

---

① 原载《历史语言研究所集刊》第九本《唐集质疑》，后收入《唐人行第录》一书。

② 此为王灏跋，前有顾广圻跋。

唐代皇室外，赵郡李较陇西李悠久而昌盛，故不必降格以称，今韩愈两文皆曰，元宾陇西人。"（岑仲勉，2004：376）接着，他根据崔备《壁书飞白萧字记》考证出李观从叔李士举非赵郡李氏，以此作为李观亦非赵郡李氏的旁证。文中认为："如谓观属赵郡，其从叔士举应亦赵郡，似得见于东祖表中，而今新表则无有也。"（岑仲勉，2004：377）总之，岑仲勉先生认为赵州李观另有其人，并非李元宾。

3. 陇西说。韩愈《瘗砚铭》文中提到"陇西李元宾始从进士，贡在京师"（屈守元、常思春，1996：1159）。李翱《荐所知于张仆射书》载："陇西李观，奇士也。"（李翱，1993：32）在《谒夫子庙文》中，李观也自称"世载儒训者陇西李氏子观"（李元宾a，1830：卷二，一叶）。韩愈《唐故太子校书李公墓志铭》则云："其先陇西人也。始来自江之东。"（屈守元、常思春，1996：1214）20世纪以来，学界对李观的籍贯问题进行了重新认定，倾向于陇西说，但不否认李观家居江东的事实。谭正璧先生主编的《中国文学家大辞典》载："先为陇西人，后家江东。"（谭正璧，1981：431）周祖撰先生主编的《中国文学家大辞典》（唐五代卷）中，吴汝煜先生编写"李观"词条，写道："郡望陇西（今属甘肃），寓家于吴（今江苏苏州）。"（周祖撰，1992：279）中国社会科学院文学研究所编纂的《唐代文学史》，介绍李观"其先陇西（今属甘肃）人，徙居江东（今安徽芜湖以下长江南岸地区）"（吴庚舜、董乃斌，1995：98）。肖占鹏先生主编的《隋唐五代文艺理论汇编评注》中，认为李观"其先为陇西人，后徙居江东"（肖占鹏，2002：696）。可见，李观郡望陇西，寓居江东已成学界共识。

（三）中博学宏辞科的时间问题

对于李观何时中博学宏辞科这个问题，前人大多不言具体时间，描述得较为模糊。如《新唐书·李观传》载："贞元中，举进士、宏辞，连中，授太子校书郎。"（欧阳修等，1975：5779）《郡斋读书志》载："贞元八年进士，中宏辞科，终太子校书郎。"（晁公武，1988：573）《全唐文》云："贞元中举博学宏辞，授太子校书郎。"（董诰等，1983：5398）归结起来，前人在此问题上有两种看法：

1. 贞元八年说。考中进士的当年即贞元八年（792），李观又中博学宏辞科。持此论说的如《全唐诗》："贞元八年，进士、宏辞擢第，授太子校书郎。"（彭定求等，1999：3596）20世纪以来，学界对此问题进行过多次探讨。岑仲勉先生认同李观贞元八年（792）博学宏辞登科看法，依据是："《登科记考》十三'贞元九年'下云：'按李、裴、陆三人，已于去年登宏辞，洪氏误载'；又同书'八年博学宏辞科'下云：'按《文苑英华》有《钧天乐赋》，……裴度、陆复礼、李观皆有赋，为宏辞试题无疑。'"（岑仲勉，2004：431）联系贞元九年宏辞试题为《太清宫观紫极舞赋》和《颜子不贰过论》，而不是《钧天乐赋》，得出李观贞元八年（792）中博学宏辞科的结论。另外，陈克明先生《韩愈述评》，在"韩愈同李观、欧阳詹、张籍、樊宗师的关系"一节中，叙述"贞元八年（792），李观同韩愈共登进士第。……同年，李观又考中博学宏辞，韩愈落选"（陈克明，1985：252—253）。中国社会科学院文学研究所编纂的《唐代文学史》也持此论，认为李观"贞元八年（792）登进士第，同年又中博学宏辞科，授太子校书郎"（吴庚舜、董乃斌，1995：98）。周祖撰先生主编的《中国文学家大辞典》（唐五代卷）也认为李观是在考中进士的同年，又举博学宏辞科。

2. 贞元九年说。这一观点认为李观中博学宏辞科的时间，当在考中进士的明年，即贞元九年（793）。《直斋书录解题》载："观与韩退之贞元八年同年进士，明年试博学宏辞，观中其科而愈不在选。"（陈振孙，1987：477）谭正璧先生主编的《中国文学家大辞典》认为李观"举进士后三年，为贞元八年，与韩愈同登第。明年，试博学宏辞，观中其科，而愈不在选"（谭正璧，1981：431）。

李观中博学宏辞科后不久，随即被授予太子校书郎一职。因此，李观中博学宏辞科的时间判断，直接影响我们判断李观任太子校书郎一职的确切时间。

（四）李观与李华的关系

李华为唐代古文大家，是古文运动的早期倡导者，在中唐文坛颇具号召力。李华与李观同为唐朝国姓又同倡古文，相似的因素较多。另外，李华有《送观往吴中序》一文，且在文末自称李观叔父。因此，世人多认为李观与李华二人相关。李观与李华的关系问题，学界探讨的较多，代表性的看法共有三种。

1. 李观为李华从子。《新唐书·李观传》就是附写在《李华传》之后的，称李华的"宗子翰，从子观，皆有名"（欧阳修等，1975：5776）。《新唐书》的这一记载，对后世影响深远。《郡斋读书志》载："唐李观，元宾也，华之从子。"（晁公武，1988：573）《全唐文》云："观，字元宾，检校吏部员外郎华从子。"（董诰等，1983：5398）20世纪以来，罗联添先生根据《新唐书·李华传》推断："李观为李华从子。韩愈伯兄会，叔父云卿为李华之门弟子。依是知韩李之相交，盖因先世有师友之谊。"（罗联添，1982：139）陈克明先生的《韩愈述评》和钱基博先生的《韩愈志》两本专著在此问题上亦持同论。郭豫衡先生在《中国古代文学史长编》中也认为"观为李华从子，诗人李翰之同宗"（郭预衡，1993：325）。在《中国散文史》中，郭先生再次陈述李观为李华从子。刘衍先生的《中国古代散文史》中也说李观"系李华之侄，李翰之堂弟"（刘衍，2004：195）。

2. 李观与李华无关。这一观点以岑仲勉先生为代表。在《中唐四李观》文中，他论述李华的从侄李观曾任监察御史，而"新传误会者不一而足，……狃于名姓偶同，辄为比附，此其说，谅即因华有送观之序，且名见新表，故铸此错也"（岑仲勉，2004：376）。他认为，首先，李观遗文及《李元宾墓铭》皆称元宾陇西人，与李华赵州赞皇人相悖，从而推论"使观为华从子者，何不曰赵郡李观。抑元宾而果即御史李观者，固名门之后，何愈为墓志，竟无一语道及其先世也"（岑仲勉，2004：376）。其次，李观生于大历元年，李华送观序也作于大历元年，此时"元宾曾否呱呱坠地，犹未可知，谓能咏送兰州兄诗，又能慕马班为人而自往吴中搜备家乘乎？"（岑仲勉，2004：376—377）再次，李观遗文对李华只字未提，自撰之文中有《与睦州独孤使君论朱利见》，文中的独孤使君即独孤氾，是李华的好友独孤及之兄，进而推断"使先辈有此交分，正可略为引叙以济其救人之心，而书则无有也"（岑仲勉，2004：377）。事实上，纵观李观49篇古文包括干谒文，没有一篇提及颇具文坛影响力的李华，何况李华是最早识拔梁肃的导师，即使是在给梁肃的信中也只字未提，这更让世人相信李观元宾确实和李华关系不大。另外，根据李观的家信《报弟兑书》，判断"其昆仲似以易卦名，若御史观之昆仲七人，曰涉、择、漪、澜、汪、从、徵，独无有兑，殊弗类也"（岑仲勉，2004：377）。最后，根据李观的《浙西观察判官厅壁记》中提到他的从叔李士举，推断"如谓观属赵郡，其从叔士举应亦赵郡，似得见于东祖表中，而今新表则无有也"（岑仲勉，2004：377）。总之，李华的从子名为李观，却另有其人，曾任监察御史，而韩愈的好友李观则卒于太子校书郎一职。李华从子李观非元宾李观，二人名姓相同，但终官、里居和郡望均无相同之处。《中唐四李观》一文解决了文献记载中的一个悬案，认定元宾李观不是李华的从子。这个观点也使李观赵州赞皇人这一论点失去了根本的支撑点。

3. 李观为李华儿子。罗根泽先生所著《中国文学批评史》讲述隋唐文学批评史时，在"梁肃的提出文气与李观的重视文辞"这一问题中提及李观，称："独孤及的弟子梁肃（753—793）及李华的儿子李观……"（罗根泽，2003：421）仅此书有此说法，但不明根据，不知是否为笔误。

（五）交游和行踪

前贤关于李观交游研究涉及的人物有：韩愈和梁肃。研究者在研究大家韩愈的交游时，对李观与韩愈的交游进行过简略的描述。罗联添先生在《韩愈研究》中论述"韩愈交游"这一问题时，对韩愈与李观从贞元八年到贞元十年的交游进行了简要的叙述。对于李观，他曾下过一个重要的测断——"李观属文不沿袭前人。韩愈后为文主张'陈言务去'，殆受李观之影响"（罗联添，1982：140）。钱基博先生《韩愈志》的"韩友四子传"一篇，对李观进行了较为详细的介绍。钱先生认为："方韩愈之少也，以文会友，最早莫如李观。"（钱基博，1985：58）陈克明先生的《韩愈述评》在论述"韩愈同李观、欧阳詹、张籍、樊宗师的关系"一节时，侧重论述李观与韩愈间较为密切的关系："李观是韩愈的同榜朋友，也是古文运动的积极参加者。"（陈克明，1985：252）他指出："韩愈与李观同登进士第后，他们之间开始建立友谊关系。韩愈写过《北极赠李观》一诗和《李元宾墓铭》一文，加上《新唐书》对他们关系的评介，可以看出其中的一些大概。"（陈克明，1985：253）以上角度虽然都是从韩愈研究角度出发旁及李观，但对明确李观的历史地位起到了很大的作用。郭预衡先生的《中国古代文学史长编》中有"古文运动的参与者"一节，他认为"其（指李观）年辈与创作古文均稍早于韩"（郭预衡，1993：325）。

关于李观与梁肃的关系，胡大浚先生的《梁肃交游考》有所涉及，文章把李观同韩愈、李绛、崔群一起作为梁肃门下士，从梁肃门生的角度来介绍李观。他认为："李观、韩愈虽感激梁肃的荐举，在文章中有所言及……仅此而已。他们对于梁肃的思想学术，几乎从未谈起，似乎存在一定的距离。"（胡大浚，2000：23—28）

李观的交游范围并非只限于韩愈和梁肃，他与韩、梁二位的交游也并非如此简单。事实上，他在家居东吴、干谒求遇、进京应试等各个时期，都曾写过多篇干谒书拜谒大小官吏。他也积极引荐他人，尤其是曾向梁肃推荐诗人孟郊，与孟郊惺惺相惜，堪称同道。李、孟二人的交游唱和，前人尚未关注。因此，李观交游有待扩大范围深入考证。

关于李观行踪的考证和研究，主要成果有傅璇琮先生主编的《唐五代文学编年史》，利用内证和外证相结合的方法，借助《韩昌黎集》和《全唐文》中涉及李观的文章，对李观的行踪进行了大致的勾勒。（陶敏、李一飞、傅璇琮，1998：174—513）

二　《李元宾文集》的整理

目前为止，《李元宾文集》仅有概括性的书录资料。版本方面，未见有人对其进行过全面的整理和校注。万曼先生的《唐集叙录·李观文集》对历代书目和序跋进行了归总，但未尽其详，实有补充之必要。前人对文集的整理包括版本和诗文系年两个方面：

（一）《李元宾文集》版本

对《李元宾文集》的版本和流传情况的研究成果，主要有万曼先生的《唐集叙录·李观文集》（万曼，1980：159—161）。王重民先生的《中国善本书提要》对《李元宾文集》的一个五卷系善本进行了简要的介绍①（王重民，1983：503）。

（二）李观诗文系年

傅璇琮先生主编的《唐五代文学编年史》通过稽考《韩昌黎集》《全唐文》中有关李观的文章，对李观一生的文学活动进行了初步系统的编年。

李观今存文四十九篇，诗四首。《唐五代文学编年史》涉及的行事文章有：贞元二年客居睦州，作《与睦州独孤使君论朱利见书》和《与张宇侍御书》。

贞元四年八月西游京兆兴平县，至茂陵，作《吊汉武帝文》。

---

① 《李元宾文集》五卷，补遗一卷，一册。抄本。九行十八字。王重民先生这样描述这一版本："此为吴翌凤移校本，录其题识于后。卷内有'宋存书室''彦合珍存''聊城杨氏所藏'等印记。"

贞元六年二月应举不第，居长安，作《与右司赵员外书》《与膳部陈员外书》，九月，作文《吊韩弇没胡中文》《放歌行》《与吏部奚员外书》。

贞元七年，作《贻先辈孟简书》《邠庆宁节度飨军记》，八月作《报弟兑书》。

贞元八年二月中进士，试《明水赋》《御沟新柳》诗，四月左右登博学宏辞科，试《中和节诏赐公卿尺诗》，六月上书梁肃，作《上梁补阙荐孟郊崔宏礼书》。

贞元九年八月，李观将归觐，作《上陆相公书》和《东还赋》。

《唐五代文学编年史》虽然对《李元宾文集》其中的十三篇文章和三首诗进行了编年，但不足文集的三分之一，其余三十六篇文章和一首诗的系年还有待补充和完善。

三　李观的创作

生平研究和文集整理只是进行作家创作研究的基础。评价一个作家的历史地位，归根结底要对作家的创作进行研究。基于此，对李观创作成就的分析和研究成为李观研究领域的重要组成部分。这一部分的研究虽然比较分散，但线索还算明晰，主要是围绕思想、语言和文论三个方面进行分析的。

（一）创作思想

钱穆先生写有《记唐文人干谒之风》一文，文中提到李观的《与吏部奚员外书》和《与房武支使书》两篇文章，以此为例，指出"盖唐代门荫之制，将堕未堕，寒士负家累，……苟非仕宦，冻馁不免"和"贵门豪奢，贫富悬决"（钱穆，1983：271，274）是助使唐人干谒之风的两个原因。这篇文章虽然只是把李观的文章作为例证来谈，但从干谒文的角度论及李观的文章，尚属首次。

郭预衡先生的《中国散文史》在"永贞前后的用世之文（一）"一节，曾专门论述李观，把李观的文章划分为三类：干谒之书、逐情之文和杂说杂文。他指出，在"古文运动"的作家当中，李观、欧阳詹的地位不容忽视。作为布衣穷愁之士的李观，"在那个时代，对社会现实已经十分不满，对朝廷改革已有强烈的要求。他的思想情绪具有广泛的代表性，他的文章也有明显的时代特征"（郭预衡，1993：195）。通过分析李观的

"干谒之书"，郭先生认为，李观"当时很不得志，对于朝廷、官风深为不满，几篇干谒之书，写得相当激切"（郭预衡，1993：196），能够"代表当时的布衣之士的思想和情绪"（郭预衡，1993：196）。李观的"逐情之文"写得相当坦率，字里行间渗透着李观自身所强调的"意到为辞，辞讫成章"（李元宾 a，1830：卷六，九叶）这一写作原则。郭先生分析，李观不仅希望自己有所作为，他对于布衣穷愁之士也是无限同情的，他的"惜才之文"就表明了他希望天下的人才能够各尽其用。对于李观的"杂说杂文"，郭先生大多表示赞赏，认为他写得生动别致，同时提到李观也有某些功力不足的文章"雕琢艰深"。郭先生把李观古文放到"永贞前后"这一历史时期，划入"用世之文"的范畴内，结合文章题材，对李观古文的内容进行了详细的分析。

同时，郭预衡先生在其主编的《中国古代文学史长编》中的"古文运动的参与者"一节，联系李观生活的历史背景对其散文的内容也进行了简单的介绍，是对《中国散文史》中相关部分的补充。郭先生声称"李观志怀经济，感慨时事，对国力日乏、安边乏术、藩镇坐大、边衅益滋，深表关注"（郭预衡，1993：325），也颇多讽谏。

吴庚舜、董乃斌二位先生主编的《唐代文学史》中的"柳冕、梁肃、权德舆、欧阳詹与李观"一节，从李观评论历史人物的文章入手，通过分析陆希声、韩愈和李翱等人对李观其人其文的评论，认为李观、欧阳詹等人对古文运动起到了推波助澜的作用，预示着古文运动即将迎来它的高潮时期，同时认为"梁肃和李观的相继去世可以看作是古文运动前一阶段的结束"（吴庚舜、董乃斌，1995：99）。先生们对李观进行了高度评价，认为李观可以看作是"文学史上一个夭折的文豪"（吴庚舜、董乃斌，1995：99）。此评论有过誉之嫌，但足以说明李观在文学史上的地位和他本该受到世人更多的关注。

李子广先生的《科举与古代文学》中提到李观的《帖经日上侍郎书》一文。这篇文章是李观上书礼部侍郎的干谒文，文中罗列了曾向侍郎投献的十篇文章。李子广先生认为："李观所上礼部侍郎的文章即为纳省卷。这些文章均为中唐古文名作，可见古文在进士科举上已占有重要位置。"（李子广，1999：117）。就此指出"进士科举，古文行卷与纳省卷风气的形成，为古文运动的全面展开提供了有利的契机"（李子广，1999：117）。在此把李观的古文与古文运动和科举制度联系了起来。

（二）语言特色

钱基博先生是这样总结李观的语言特点的："虽文体不遒，而肆意有所作，笔无停机，差不局促，此其所长；徒以词尚驰骋，而乏深湛之思，有文无理；又气矜之隆，令人难耐，此其所短。又以锐于驶辞，而不谨布置，游骑无归，未易寻其宗趣；所以气调警拔，发愤为雄，而有逸气，无隽句；有警调，无茂识。"（钱基博，1985：59）他套用昭明太子序《陶渊明集》和钟嵘品袁彦伯诗的语句，评论李观的文章"跌宕而不昭彰""紧健而不鲜明"①（钱基博，1985：59）。郭预衡先生的《中国古代文学史长编》在"古文运动的参与者"一节，曾对李观散文的艺术特点进行了简要的总结和评述。郭先生归纳"元宾文善立意持论，崭然自异。但镕铸未纯，辞胜其理"（郭预衡，1993：326），简明扼要，客观公允。

王运熙先生、杨明先生的《唐五代文学批评史》在评论陆希声的文论时，着重分析陆希声在《〈李元宾文集〉序》中论述的元宾"尚辞"的倾向。先生们分析，李观的文章不拘泥于声律，能够做到骈散交杂、偶而不严。尤其是李观的《交难说》和《说新雨》，以说为题却不同于时人。其不同常人之处表现为：没有用散体，而是句式整齐，且多押尾韵，颇有新意。另外，根据李观文中的言论，他们分析李观年少气盛，敢于仗义执言，不屑趋附他人的性格造就了他文章畅达、昂扬有气势的写作倾向。（王运熙、杨明，1994：606）

罗根泽先生的《中国文学批评史》在"梁肃的提出文气与李观的重视文辞"这一节偏重介绍的是李观重视辞藻的特点。（罗根泽，2003：422）

另外，从唐陆希声把李观与韩愈二人以"尚辞"和"尚质"并列起始，对于韩、李二人的文章对比问题，前人曾经进行过多次探讨。李观曾与韩愈同拜古文家梁肃为师，积极从事古文创作，同年及第，后又比韩愈早一年中博学宏辞科，被授予太子校书郎，前途无量。韩愈能够成为文坛之首，历代对其推崇备至，李观的声名却消失殆尽，文章被埋没在历史的风尘中，原因何在？是因为李观早夭，文章尚不练达，缺乏岁月的锤炼，还是其文其才本身就不如韩愈，抑或另有其因？这是一个自唐代起就备受

---

① 昭明太子序《陶渊明集》，称其跌宕昭彰；钟嵘品袁彦伯诗，称其鲜明紧健。

关注的问题。

　　（三）李观的文论

　　肖占鹏先生主编的《隋唐五代文艺理论汇编评注》着重对李观的《与右司赵员外书》《与膳部陈员外书》《报弟兑书》《帖经日上侍郎书》和《上梁补阙荐孟郊崔宏礼书》五篇文章进行了注释和简评，分析了文章中体现出来的文艺理论。他认为以李观为代表的唐代文人不以自媒为丑，更倾向于自我表扬，这似乎是文学意识演变的一个新现象。李观强调了"文"的重要性，这在新的历史条件下提出，可以对重内容而轻形式的偏颇倾向有所矫正。李观心目中词赋与文章的价值并不是等同的，这应该认为是当时批评界的一种新现象。李观提出"文贵天成，不可强高"的理论主张，具有可取性。李观的行文具有朴实无华的特点，这是他自身才能的局限，也是导致李观视文章高于辞赋一等的原因。李观基本的行文原则是宗经，这往往会束缚人们的想象力与创造性思维。李观把形成"文"的原因归之于"经"与"才"的结合也是没有说服力的。（肖占鹏，2002：696—705）他不对李观盲目拔高，客观地分析李观恃才傲物、自强不息、惆怅失落、恐惧怯弱的文人心态及其局限性。

　　刘衍先生的《中国古代散文史》"中唐散文的鼎盛"一节，认为李观在中唐古文运动中的地位不容忽视，同时认为李观文章的主体风格就是李观自身所强调的"文贵天成"（刘衍，2004：195）。

　　上述论著对李观从多个角度进行了研究和探索，既有正面高度的评价，又有反面不同的声音。涉及"李观的卒年""李观与李华的关系""李观与韩愈的关系"，李观文学活动编年，李观文章注释评析，"李观与古文运动的关系""李观文与干谒风气""李观文与科举制度""李观文与用世之文"，李观文章的思想内容和艺术特点，李观的性格、写作倾向和文章主体风格，李观文论等各个方面。

　　尽管如此，对于中唐李观和《李元宾文集》而言，学界缺少较为系统的研究，研究成果也趋于简化，这使李观的研究工作存有很大的发挥空间。

　　需要提到的是，尽管历代学者对李观的各种记载进行过辨别，但一些学者在资料运用上依然较为轻率。忽视前贤研究成果，对文献资料不加辨别，盲目沿用的现象较为常见，"李华从子""李华侄子""李华之子"等说法仍屡见不鲜。在谈到李观籍贯时，依然称其为赵州赞皇人。这也从一个侧面反映了李观研究不受世人瞩目，备受忽视和冷落的现状。也正因如此，如果我们对李观及其诗文这个未曾被深入研究的对象进行充分的关注和深入的研究，或许能够避免类似的错误，抑或许能给其他相关研究提供一丝线索，带来一些发现和启示。

第四节　研究目的

纵观历代文献记载和前人研究成果，李观研究十分零散、简略，尚缺乏系统性的研究。能够在前人的研究成果上前进一步，需要研究方法、角度和研究材料、手段上的突破。本文通过对李观的个案分析，透视古文运动，关注中唐散文，对李观及其诗文进行多角度、全方位的立体研究，试图还李观一个恰当的文学评价，给李观一个适当的历史定位。我们试从以下五个方面进行研究：

一　版本

搜集所能见到的十九个版本，其中包括《中国古籍善本书目》中收录的十六个善本。对十九个版本参比同异，择善而从，整理出《李元宾文集》的校勘记和版本源流，为学界提供一个相对完善的本子作为研究底本。

二　年谱

以作品为中心勾勒李观的生平履历，编纂李观年谱，对《李元宾文集》中的四十九篇文章逐一系年，把李观二十九年的生活进行统一的梳理和展示，同时澄清李观的籍贯问题和尚未引起研究者注意的情况。这样，我们不但能更好地理解作品的写作背景，也能从中领略到作者的思想发展轨迹，从而对李观的行为和作品作出合理的解释。

三　交游

对《李元宾文集》中涉及的与李观密切相关的人物，尽可能地找出他们与李观的关系，对李观的交游进行考述。通过同时代的名士的生活状况与相关文章，试图勾勒出李观的社会关系脉络图。

四　语言

基于唐代诗文崇尚用典的特点和元宾尚辞求异的特点，从句式（包括骈散、韵散角度）、表达方式、用词用语等方面分析《李元宾文集》的语言特色。

五　创作思想

利用李观思想的外化即他所留给后人的文字，来分析李观的创作和思想，同时参考相关传记以及时人和后代对他的评价，把李观放在中唐社会文化背景中考察，分析其与古文运动及科举制度的关系，在文学史上对其进行适当的定位。

总之，本书的目的是为中唐文学研究的史料搜集整理做些基础性的工作，为中古汉语研究提供语料，进而明确李观的生平、思想及其在中国古代散文史中的地位。

第五节　研究所用的方法

本书采用如下研究方法对李观及其《李元宾文集》进行分析和研究。

一　文本分析，内外结合

由于《新唐书》和《李元宾墓铭》所提供的李观的生平非常有限，李观的生活经历只能通过其自身的作品进行考察。通过涉及其生平行踪的作品，勾勒出李观一生的大致情况，这需要对李观的《李元宾文集》文本进行层层剖析。我们根据由文及人，援人入文的顺序，从内到外对文本进行细致的剖析：文章的字词句、文章的年代、文章所涉及的人事、文章反映出的历史时期的社会生活、作者在文章中表现出来的自我形象以及在文章中流露出来的思想感情和倾向等各个方面。与此同时，结合史料，回归文本，分析外在大环境作用影响下的文本本身。

二　知时论人，知人论文

要客观公允的理解和评价一个人的作品，必须了解其文产生的小背景和大背景，即关于作家文章的言论、作家的生活遭遇、思想状况和艺术进展与他所处的时代等各个部分以及各个部分之间的关系都有比较清楚的了解。诚如章学诚先生《文史通义》(外编二)《韩柳二先生年谱书后》所言:"年谱之体,仿于宋人,考次前人撰著,因而谱其生平时事与其人之出处进退,而知其所以为言,是亦论世知人之学也。文集者,一人之史也;家史、国史与一代之史,亦将取以证焉,不可不致慎也。"(章学诚,1956:253)"盖文章乃立言之事;言各当以其时,即同一言也,而先后有异,则是非得失,霄壤相悬。"(章学诚,1956:254)李观的事迹不多,我们可以通过当时的知名人士与达官贵人对他的印象和评价,从不同的侧面描摹出李观的思想、品德与仪态,使之形神俱备。

三 以文见史,以小见大

李观年未而立就已辞世,年纪颇轻、作品亦少。无论从什么角度来观察,他都只能算是一个小作家。对于本书来说,研究对象单薄的问题显得更为突出。因而,关于李观及其诗文的研究,如果一味追求文本分析,就作品论作品,就作家论作家,自然会使研究范围越缩越小,陷入琐屑和狭窄的境地,最终走入死胡同。所以,只有施之以开放姿态和宏通视野对其进行接纳和观察,深入到产生作家作品的历史文化背景,立足文本又放眼历史,小中见大,文史结合,才能加深小作家的厚度,增强他的立体感。我们采取以小见大的方法,明确李观所处的时代,是中唐前期士人所共同面对的时代,他所面临的问题,也是中唐前期士人所共同面对的问题。这样看来,李观就是一个代表性个案。通过李观这个点的分析,我们所要了解的是中唐文人的普遍状况。本书试图把李观放在他所处的中唐乃至整个中国文学发展史中进行考察,展现中唐风貌,还原历史真实,以探讨文学生成的环境和作家活动对其创作的影响,使中唐这段时期因为李观的参与显得具体和鲜活,历史也能因为李观的加入而不再一味的抽象。

第六节 本书的创新之处

前贤对李观的研究取得了一定的成果,但过于分散。本书在前人研究成果的基础上,首次对中唐古文家李观及其《李元宾文集》进行了全面、集中、系统的研究,本书的新意体现在以下四点:

一、根据李观遗文和相关史料编制了较为完整的李观年谱及作品系年。

二、搜集了散落在全国各地的《李元宾文集》的传本，对其版本进行了系统的校勘和整理。

三、借助李观遗文，较为详细地考证出李观与韩愈、孟郊、陆贽、梁肃等人的交游情况。

四、较为全面地对李观的思想进行了归纳和总结，分析了李观古文的语言特色。

第二章

李观生活的时代背景

公元 8 世纪 50 年代，经过一百多年蓬勃发展的大唐王朝，其国力和经济都达到了顶峰。可惜好景不长，天宝十四年（755）爆发的安史之乱，将唐朝带入一个空前苦难的时期，昔日强盛富足的大唐帝国充满危机，濒临分裂，从此走向没落。李观出生的前三年，即代宗广德元年（763），持续七年零三个月的安史之乱终于被彻底平定。历史翻开了新的一页，迈入了文学史上所谓的中唐大历时期。

中国政治的作用和渗透力可以达到政治本身活动所不能达到的其他领域，如思想和文学都深受政治环境的影响。某一时期的文人心态或者某一作家的创作历程，也都与政治事件有着或疏或密的关系。"安史之乱"被史学家称为唐王朝发展的转折点，它带来的直接后果是：藩镇割据、宦官专权、党争不断。而它对整个社会的影响却是漫长和深远的，这远远超越了这个标志性事件本身在历史上的作用。

书中所要讨论的李观是大历、贞元时期政治、经济和社会文化的参与者与见证者，其祖辈又是安史之乱后南迁的关陇士族。因此，有必要对这一时期进行梳理和描述，以明晰李观所处的时代背景。并且，李观的文章大多具有实用性，带有鲜明的时代烙印，正是那个时代的缩影，可以提供许多时代信息，从其文集中也可以窥见社会的一个侧面。除此以外，透过他的文章，不但可以发现作者自我形象，许多同时代作家的身影也活跃其中，这使其文章本身具有较高的史料参考价值。

第一节　盛世的历史残留及时代趋势

沈既济《词科论》这样描述大唐盛世："家给户足，人无苦窳，四夷来同，海内晏然，虽有宏猷上略无所措，奇谋雄武无所奋，百余年间，生育长养，不知金鼓之声，烽燧之光，以至于老。"（李昉 b，1966）唐王朝自上而下，充盈着高度的自信和宽松的气氛，这给唐王朝各方面的发展提供了很好的时机。但是，伴随高度自信的是盲目自大，宽松气氛滋生的是无戒备的懒散，这在一定程度上为唐王朝的衰落埋下了隐患。

首先，科举制度使政治空前开放，使政治的世俗化和平民化得到加强。科举制度公开考试，公平竞争，择优录取，从根本上打破了豪门士族对政治权力的垄断，使平民士人也有参与国家行政机构的机会。平民阶层参与到为贵族所长期把持的政治社会中来，并逐渐成为中坚力量。这改变了原有的社会结构，也使科举成为入仕的首选途径和读书求学的直接目的。士人李观就是平民阶层的一员，读书—入仕是他最理想的道路，充斥其文章的题材总与读书和科举有着密切的关系，这在九品中正制盛行的时代是不可想象的。政治的世俗化和平民化的加强在不断地瓦解王朝贵族的权威性和固若金汤的传统礼法。

其次，唐代思想包罗宏富、中外兼收，佛、道与儒学并行，统治者的大力扶持和主流社会阶层的世俗化，给了佛教、道教发展的契机，佛、道与儒三家融合的局面渐渐被人们所接受。深受儒家思想浸润的儒生李观，注重吸收佛教、道教的理论精髓，会通三教的敏感反映在他所写作的《通儒道说》一文中，文中说："古今儒家，多弃黄老。岂必乎天德，未必者道。上圣存于中而外施训，凡仁、义、信、礼四者流于道。道外而流于道以四化外，俱复于天下。为羲农不道而上德，则尧舜并知至德，则不列于圣教，决无四数矣。凡骈行之为仁、为义、为信、为礼，并行之为德，愈德臻靖为道。故二为儒之臂，四为德之指。若忘源而决派，薙茎而掩其本树，难矣！则冲虚利害于本末。然老氏标本，孔氏回末，不能尤过者，自中而息，岂前无路哉？及列氏、庄氏，展而针之，空清泊中，非典经与家风，鄙而窥外，俱达谊也。"（李元宾 a，1830：卷六，三叶）他欣赏道家的清静无为，提倡儒道兼济。他也曾写作《道士刘宏山院壁记》，文中称"昔元宗之有天下，得道之统，垂五十载，亿庶辑睦，四夷亦宁。……二教者，三界之根柢，群生之雨露，使匹夫取舍，亦有损益，用之于上，其可废乎？"（李元宾 a，1830：卷四，六叶）笔端处处流露出对道家的恬淡、了空和虚静的倾慕之情，足可见此时佛、道二教影响之深远。佛道兴盛，"仁""义"不施，在一定程度上动摇了正统儒学的统治地位。

最后，作为一个开放的帝国，唐代"夷夏之防"的民族主义意识渐渐淡薄，"夷夏一家"的思想观念和"以夷制夷"的治国理念，加上边防将士的骄纵和警惕性的缺失，给唐王朝带来深重的灾难。李观曾写《吊监察御史韩弇没蕃文》描述了民族矛盾和斗争："维唐贞元元年，匈奴上款乞盟，天子以其言诚，乃命上将往埤于边，而听其誓言，监察御史韩君载笔而随焉。我上将仗九庙之信，而首盟其间，以戎人心为心。戎乘我不虞，而昧受诡计，我计无素成，而奸以宿萌，故勇者死，奔者追，而韩君为之擒矣。"（李元宾 a，1830：卷二，四叶）安史之乱平息后的大历时期，出现了表面上的"中兴"局面，实际上天下未曾太平。内忧与外患并存的唐王朝已经一蹶不振，日益没落。

李观虽然出生于安史之乱平定后的第三年，即大历元年（766），有幸避过那段动荡的岁月，但李观对安史之乱带来的遗患有着深切的体会：土地兼并愈演愈烈，豪门士族势力兴起。在此基础上形成的藩镇割据局面，大大削弱了唐王朝中央政府的统治地位；边患日益严重；宦官专权，维系封建秩序的伦理纲常摇摇欲坠，加上佛、道二教盛行，不仅干扰封建正统思想的统治，兴起的僧侣地主阶层也加重了人民的负担。李观的文章对中唐时期的反映主要在以下三个方面：

经济上，连绵的战乱加上豪奢贵族的土地兼并，经济政策弊端百出，农民背井离乡，生产遭受严重破坏，农民与地主间的矛盾尖锐，致使唐初推行的均田制无法继续维持。加上商人致富后也购买土地，进行土地兼并，贵族官僚倚势掠夺和霸占，致使均田制逐渐破坏。经过安史之乱，更是破坏无余。当时度牒为僧可以免除赋役，许多人以度为沙弥来逃避徭役，致使社会劳动力大为减少，极大地影响了社会生产力的发展，财政危机一触即发。李观《代李图南上苏州韦使君论戴察书》文中，以戴察为个案，分析了普通士人遭受到的经济压迫。李观这样描述戴察的生活："其人固穷自立，家业无一。老父垂白，处妹未字。湫底之巷，蓬茨蔽身。敝衣粝食，丐贷取给。累年徭赋，非出诸己，即日数口，忧挤沟壑，重于官迫，不聊有生。……因成沉痼，月有余日，老亲在侧，竟夕不寐，一饮一食，皆求诸邻，爨无束刍，室若悬磬。"（李元宾 a，1830：卷四，十四叶）均田制的破坏说明政府所掌握的土地越来越少，经济控制的权力也越来越弱，地方势力日益增强，形成地方对中央外顺内悖、阳奉阴违，形成一切势力为藩镇所掌握的割据局面，拥有与中央相对抗的力量。

一个地方的节度使在其管辖区域，有土地、人民、甲兵、财赋。随着割据局面的形成，中央对地方的用兵和地方对中央的叛乱，致使赋役更为频繁。李观在文中就催讨赋税一事，曾有段生动的叙述："有衣黄衣者，排闼直入，口称里胥，骂彦衷曰：'两税方敛，何独不纳？刺史县令，公知是谁？俾予肌肤，代尔担责。'嘤嘤叫怒，不容少安。彦衷回惶若狂，计靡从所，其父谕之曰：'取尔常读之书，常抚之琴，质于东西家南北家，以其所质，将以奉之。无令来客，贻我之戚。'彦衷唯唯，乃获一缯而与之。及将去也，仍诫之曰：'后所欠者，必搤公喉，唾雪而取办。'"（李元宾a，1830：卷四，十五叶）这段话既有人物动作，也有人物语言，活灵活现地描写出了杂役的颐指气使和士人的惶惶终日。戴察身染重病，父亲年老体弱，妹妹年幼，一家人在生计都难以维持的情况下，还担负着本不属于自身的沉重赋税，可见经济政策是多么不合理。朝廷把经济危机转嫁在百姓身上，必将引起社会不满。对于戴察被视作侨户从而被征收赋税一事，李观义愤填膺，写道："……戴察，字彦衷，年二十二，苏州人也，而有苏州之税，司籍者目之以为侨户。异哉！书剑之子而与农贾同贯，岂非当日阙明史以至于是乎？"（李元宾a，1830：卷四，十四叶）这可谓是一个读书人对整个社会的控诉。

政治上，矛盾交错，危机四伏：一方面吐蕃、回纥威胁边防，连连进逼京城。广德元年（763）七月，吐蕃寇河、陇，陷秦、成、渭三州，又入大震关；九月，攻泾州，犯京畿，入京师，立广武王承宏为帝；广德二年（764）十月，仆固怀恩引吐蕃军作乱，京师戒严；大历二年（767）九月，吐蕃寇灵州、邠州，京师再次戒严。《报弟兑书》曾借他人之口，叙述了边防战事的频繁和危害："有东方之人，老在塞下者，为我言用兵之勤，及五十年，每岁孟秋，边风便寒，达于坚冰，武夫操戈，僵不得起，胡兵频戮，寇罔于常。"（李元宾a，1830：卷五，五叶）李观的《安边书上宰相》一文也揭示了当时边疆的状况："今国家一垂控戎，累所暴兵，兵不问堪，将不择良。当守者争险易，当攻者避后先。寇之来则弃民而相保，寇之去则冒赏而称庸，此所谓戎无却年矣。夫战阵多将则势离，攻守多将则不支，以其胜不得尽有，败不得独受故也。至闻筑城于房蹊，迁民于房滨，城适罢而寇窬，民未居而囚拘，弯弓者却行，蒙甲者退趋，此所谓边无安期矣。且房不可以无兵而威，兵不可以不战而归，故明主得下征苍苍之产，将军得外娱悠悠之师，此所谓财有尽朝矣。"（李元宾a，

1830：卷四，三叶）他的担忧是："愚窃恐戎无却年矣，边无安期矣，财有尽朝矣。"（李元宾a，1830：卷四，三叶）针对边患问题，李观在文中回顾总结了历代君主对此问题的处理方式，文章认为，和亲与戍边都不能从根本上解决边疆问题，安边当务之急是改变边疆政策，提出"择一虎臣，练万虎贲，使制得自专，权得自纵。夫兵有专制则毕力，将无分权则成功"（李元宾a，1830：卷四，二叶）这种安边之对策。另一方面，在镇压"安史之乱"过程中逐渐强大起来的藩镇势力日益壮大，中央对藩镇渐渐失去控制力量。藩镇与中央政府、藩镇与藩镇之间都存在矛盾。朝廷内部朋党之争兴起，朝政昏乱，宦官趁机兴风作浪，卖官鬻爵，聚敛财富。面临如此政治局势，李观深感忧虑，正如李观《上贾仆射书》文所言："夫贫贱固陋之士，尚日夜齐咨，思有所计。"（李元宾a，1830：卷三，十五叶）在此文中，他提出自己对国家形势的分析和见解："今天下所务所劳所费者，在边、在兵、在食也，为忧也，为患也，弗可弗虑。思之于危，则无所及已，如谋始固终，斯为时也。且夫守边，要在乎兵；所以养兵，要在乎财；所以生财，要在乎民；所以养民，要在乎政。然则政为民之命，民为财之资，财为兵之府，兵为边之守，其相藉如此之大也，其可忽邪？"（李元宾a，1830：卷三，十四—十五叶）他意识到政、民、财、兵、边之间的密切的关系，提到勤政养民的重要性，这是难能可贵的。《上杭州房使君书》大胆地提道："今主上非不圣，但辅相有阙也。以观庸意，倘挺使君于廊庙，则中人以上不为非，中人以下远恶矣。今特遣处民之上，利身而不利国；在朝之右，谀媚不直；缘边之寇，蜂起为蟊贼。观诚守贫窭，无卜式裨国之利，身复多病，无终军系虏之力，但怒发抚髀，气如腾云。苟未获谋，何命之剧终？固当曳履见天子，借剑趋相门，尽养民治国之计，逐倚法尸禄之吏，使卫青重揖客，孔子畏后生。"（李元宾a，1830：卷四，九叶）表现出李观虽身居下位却忧国忧民的热忱之心。

文化上，儒学萎靡，佛道振兴。作为中国传统的哲学思想，儒学长期以来被用作政治教化的工具。在汉代，为了适应大一统封建专制的统治需要，董仲舒把原始儒学关于政治原则和伦理规范的思想神圣化，用它来实现社会思想的统治，使儒学的地位达到了前所未有的高度。汉代以后，儒学就不再享有"独尊"的地位了，因为儒学不能为苦难的民众虚构一个逃避社会和人生的栖息地，这为佛、道二教的兴起留有一定的空间。再加上动乱时期，人们不再恪守纲常教化，佛老思想则趁机侵入。佛教和道教在统治者的扶植下极为炽盛，僧侣地主享有免税免役的特权，与农民及朝廷严重对立。李观的《道士刘宏山院壁记》一文，叙述了刘道长与先相国第五琦、江左连帅路嗣恭等高官均有交往，可以推知宗教在唐代香火兴旺的程度。李观对宗教的推崇也可从此文中窥见一斑："兹二教者，三界之根柢，群生之雨露，使匹夫取舍，亦有损益，用之于上，其可废乎？窃悲大块劳我以声色，要我以名利，未果握先生之手，登先生之堂。然不死之术，愿与共有。"（李元宾 a，1830：卷四，六叶）一定程度上反映了佛道的兴盛和宗教的影响。

　　面临如此动荡的政局，统治者并非无动于衷，也尝试作出种种努力，以除时弊。经济上均田制的无法维系，使系于丁身的租庸调制的赋税制度难见成效。政府针对代宗大历年间，地税和户税开始成为唐代税收的重要来源，租庸调的征收已退居其次的现状，考虑新的税收制度。唐德宗建中元年（780）采纳宰相杨炎的建议，颁行因地而税的两税法，废除因人而税的租庸调制，"自是人不土断而地著，赋不加敛而增入，版籍不造而得其虚实，吏不诚而奸无所取，轻重之权，始归朝廷矣！"（刘昫，1975：4272）短期内解除了一部分失去土地的农民的负担，保证了财政收入，在一定程度上缓和了财政危机，但底层的劳动者并不能身受其惠，反而要承担更为繁冗的苛捐杂税。代宗时重用刘晏整顿漕运，航运的恢复也使江淮物资能够顺利北运。沟通了南北经济，促使北方经济发展，也使南方农田水利得以加快发展。到宪宗时，国家实力有所增强，又先后平定了剑南、淮西两个藩镇的叛乱，其余的藩镇也表面上依附了中央。唐王朝似乎拥有一线重振统一事业的希望。尽管如此，大唐气象已不复存在，盛世的残留无法阻挡时代前进的脚步。

　　地权关系、经济结构、赋役制度使阶级构成、政治体制乃至社会习俗、意识形态等方面发生着变化。士人的价值观和世界观也随之相应地发生了一些变化。作为关心时政和民生的知识分子，他们敏锐地看到新的社会现象，在文章中再三论证。例如韩愈的《原道》把"圣人"和"相养之道"联系起来，认为圣人是渗透于整个经济生活的人。不但重农，而且认为农工商相生相养，不可偏废。同时，文人面临如此纷繁的政事，失去了大唐盛世从容应对的闲情逸致，更多的是忧国忧民的爱国之志和对李唐王朝复兴的憧憬。他们在朝政改革的同时，也积极革新不良的社会风气。一方面提倡儒学，强化人们的主体意识，重建封建统治秩序；另一方面在德宗皇帝好文的大背景下，用经过革新的与骈文相对而言的"古文"来宣扬和呼应政治改革。

第二节　士人的文化心态与儒学复兴

安史之乱不仅在经济、政治、军事上给唐王朝以沉重的打击，也使唐王朝的子民在心理上受到强烈的震撼，呈现出不同于大唐盛世的心态。本节从士人心态入手，结合李观诗文，分析贞元年间士人普遍存在的心理状态。

一　士人心态

（一）失望中的矛盾心理

在安史之乱这场浩劫中，士人普遍经受战乱流离之苦，对国家、人生以及历史都有着深刻而惨痛的体验，这种对社会现实的不满甚至导致他们对整个人生、整个现实世界的否定。当他们把这些体验寄托于文学形式，文学也经历了一次洗礼。即使未亲历战乱的士人如李观、韩愈等人，也深受战乱影响，反战情绪激切，在文中表达了自己的忧虑和期盼。在他们身上，很少能够看到盛唐时期那种昂扬的精神和豪迈的气概，取而代之的是不自觉流露出的衰落意识以及深深的失望和矛盾。精神苦闷的他们对社会与人生的看法都蒙上了一层灰暗的色调。

安史之乱后，宦官权倾朝野，"肃、代庸弱，倚为扞卫，故辅国以尚父显，元振以援立奋，朝恩以军容重，然犹未得常主兵也。德宗惩艾泄贼，故以左右神策、天威等军委宦官主之，置护军中尉、中护军，分提禁兵，是以威柄下迁，政在宦人，举手伸缩，便有轻重"（欧阳修等，1975：5856）。宦官专权结党营私，不仅使政治腐败，也滋长了趋炎附势的士风。李观对这种社会风气多有不满，只能借助文章以泄怨愤。在《与处州李使君书》中，他说："今之王公大人，朱其门，肃其卫，见贵要子弟则前席，见贫约等辈则不容曳裾，何尝觉非，相效为善。"（李元宾a，1830：卷三，一叶）《与吏部奚员外书》又说："今天下之人则不然哉，学止肤受，或文得泛滥，有崔卢之姓亲戚，有酒肉之费结往还，依倚而得，得罢便已。……又闻举子其艰苦憔悴者，虽有铿鍧其才，不如啗肥跃骏足党与者。虽无所长，得之必快。"（李元宾 a，1830：卷三，四—五叶）对于科考的不公，寒门出身的李观是深有体会的。在《与睦州独孤使君书论朱利见》也云："凡今之人，恶直丑正，入门自媚，邪道苟容，故有贝锦首章，青蝇独吊。观虽辄舒纸染翰，轻陈肝肺，无任情激，不敢谀羁屑之士，进趣益难。"（李元宾 a，1830：卷四，十二叶）这种谄媚之风加重了士人的苦闷：虽有建功立业的雄心，有品性和才德，没有达人的引荐就难酬壮志。权贵触目皆是，在这世风日下之时，期望凭借几篇文章得到达人的援引，难如登天。士人惶恐茫然，只能放下文人的尊严和气节，摧眉折腰，依附权贵，四处奔走，或丐于北，或游于南。即使对世风有诸多不满，也要识时务地放弃自己的想法，迎合社会的潮流。韩愈有拜谒宦官的经历，李观也通过多篇干谒书表达自己的渴望和失望。大小官吏、名门望族甚至西部边陲的藩镇，李观都无一遗漏地去拜访，希望能够得到垂青和引荐。即便如此，在求取功名的道路上，也是备受熬煎：或遭拒见，或不被重视，甚至不被理睬。对于中唐士人来说，除了日常功课的温习，就是不断地求人和数不清的碰壁。人格理想与残酷现实的矛盾，使中唐文人的心态也似处于风雨飘摇之中，风雨交加，举步维艰，进退两难。

（二）世俗化的实用主义

中唐之世，正是儒、释、道三家鼎立的时代。士人思想面临着释、道二教的渗透，直接激发了士人们维护中央集权和振兴儒学的强烈意识，并积极投身于现实的政治生活中去。而中唐复杂的朋党之争、朝官内侍之争，也将许多文人卷入到了险恶的政治旋涡中。社会的复杂化，使士人的意识形态体现出了鲜明的不断调整儒学于释、道间的关系，将释、道为己用的实用主义特点。

中唐士人干谒之风极盛，这与科举制度的推行有着必然的关系。科举制度给平民士人提供了进身的机会，也是平民参与政治的唯一途径。士人不事田亩，若不做官便无以为生，必须努力仕进，才能满足温饱。无奈禄位有限，士子无穷，能够考中进士并且取得入仕资格的士人少之又少，而科举考试又是改变命运的唯一机会，所以士人在求仕中既要忍受生活的窘困，又要放下读书人的架子和所谓的气节去乞怜讨钱。此时，唐代科举考试采取不糊名制，考官对应试者的身份一目了然。唐科举制又有通榜的制度，除礼部侍郎知贡举负责科考事务外，名流亦可为通榜帖，向主司举荐人选。这样，应试者的知名度及其与考官的关系对是否录取起着至关重要的作用。因此，应试之前，应试之人就要将其得意诗文呈现给显贵或有名望的文士，希得其揄扬，冀以登第。

在士人的干谒之作中，处处可以看到求仕的苦楚、尴尬和挣扎。白居易的《与元九书》："二十已来，昼课赋，夜课书，间又课诗，不遑寝息矣。以至于口舌成疮，手肘成胝，既壮而肤革不丰盈，未老而齿发早衰白，瞥瞥然如飞蝇垂珠在眸子中也，动以万数。盖以苦学力文所致，又自悲矣。"（白居易，1999：649）这只是求仕过程中劳其筋骨的体现而已。李观的《与吏部奚员外书》："今甚病者，莫若羁旅，曷有帝城之下，薪如桂，米如琼，仆人不长三四尺，而傺瘦驴以求食？有时不食，人畜间日，曛黑未还，则令忧骇。一日不为，则便失飡。……昨者有《放歌行》一篇，拟动李令公徽数金之恩，不知宰相贵盛，出处有节，埒门之事，不可复迹。俛仰吟惋，未知见由，邂逅不动，亦虚弃也。今去举已促，甚自激发，其有未知己者，大可畏也。"（李元宾 a，1830：卷三，五—六叶）文中所展现出来的食不果腹的生活状态就不仅仅是身体上的苦楚，还有心理上的苦闷。对于讨钱一事，李观看似直言不讳、轻描淡写。倘若设身处地，我们就能够体会到孤傲的李观内心深处的尴尬和无奈。他在《与处州李使君书》中说："观久负百丈气表，五车笔锋，而困于艰窶，不克奋发。坐被愁役，动为病侵。劳生未安，壮岁能几？每藿食不饱，穷居若醒，不知苍苍天可阶而问。"（李元宾 a，1830：卷三，二—三叶）这种遭遇，体现出的就不止是学习上和生活上的艰难，还是一种动心忍性的折磨和考验。除此以外，士子还要承受抛家别亲的苦痛。而他们的精神寄托，很大程度上来源于对亲人的思念。《哀吾邱子文》中，李观借吾邱子之口，说出了自己想说的话："始者志于四方，希有一朝之荣，以为父母昆弟之欢，游罢乃旋，而父母之坟已干。今思而哭之，与不养之子同；中仕诸侯之朝，君无德而兵侵。今思而哭之，与亡国之臣同。复忠孝之间，天下不闻其臣子，予耻而后交；今思而哭之，与言无所信同。夫忠本孝而生，信载义而行，三者既亏，而予生非生，行可行也？"（李元宾 a，1830：卷二，三叶）《东还赋》一文集中地表达了李观恋亲和思乡的情感："我思西来兮，犹前日之未赊。岁回复兮，倏历五稔，如一息兮。……咸回回兮，一泣而歌，苟天下之人兮，离合之若此，矧吾高堂为念之谓何？乃三肃而行，顺彼长道，忘自东西之相逶。"（李元宾 a，

1830：卷二，八叶）这是李元宾文集中为数极少的表露内心情感的语句。

士子之所以能够坚节不弃，在于中举入仕的坚定信念。一朝跃入龙门，宠辱皆可忘怀。应试、谋官成为士人的人生理想，士人的精神境界也因而显得十分狭隘。这种实用、功利的思想和风气已经使士人无暇顾及更多的精神追求。沈既济的《选举论》对此有这样的描述："近代以来，九品之家皆不征，其高荫子弟，重承恩奖，皆端居役物，坐食百姓，其何以堪之。……得仕者如升仙，不仕者如沈泉。欢娱忧苦，若天地之相远也。夫上之奉养也厚，则下之征敛也重。养厚则上觊其欲，敛重则下无其聊。故非类之人，或没死以趣上，构奸以入官。非唯求利，亦以避害也。"（董诰等，1983：4868—4869）由此也可以了解到中唐政治风貌下士人的实用心理。

二　儒学复兴

唐代自安史之乱以后，天子不能力控强藩，强藩则割据叛乱，视天子如同虚设，仁义沦丧。对于安史之乱之后所形成的藩镇割据，韩愈深恶痛绝，他在《潮州刺史谢上表》中说："自天宝之后，政治少懈，文致未优，武克不刚，孽臣奸隶，蠹居棋处，摇毒自防，外顺内悖，父死子代，以祖以孙，如古诸侯自擅其地，不贡不朝，六七十年。"（屈守元、常思春，1996：2308）可见，韩愈宣传儒道，目的就在于巩固皇权，维护唐王朝的统一。

早在唐兴之时，儒道命运不佳已成事实。自隋朝道消，海内板荡，先圣遗训，扫地以尽。虽然唐高祖颇好儒臣，太宗锐意经籍，儒道在贞观年间称盛一时，但唐高宗薄于儒术。唐玄宗开元年间儒道复兴，其后的安史之乱使儒家经典又尽为灰烬。至中唐时期，儒道早呈衰微之势。儒学的衰微前人早已体察，如柳冕在《与徐给事论文书》中曾提出"文章本于教化，形于治乱，系于国风"（董诰等，1983：5356）。《答徐州张尚书论文武书》中又有所阐释："夫文章者本于教化，发于情性。本于教化，尧舜之道也；发于情性，圣人之言也。"（董诰等，1983：5358）《谢杜相公论房杜二相书》中直接提出："故文章之道，不根教化，别是一枝耳。"（董诰等，1983：5354）重视文章的教化作用。

唐代儒学在古文运动兴起前备受士人冷落，原因在于唐朝统治者对两汉经学一味的抱残守缺。汉代经学因其烦琐艰涩和神学化倾向早已为知识分子所厌弃，东汉则是章句渐疏，而多以浮华相尚，缺少儒者之风。魏晋时的一些知识分子更视经学如敝屣。唐代统治者及御用经学家对此缺乏认识，这在欧阳修的《论删去九经正义中谶纬札子》中有所揭示："至唐太宗时，始诏名儒撰定九经之疏，号为正义。……然其所载既博，所择不精，多引谶纬之书，以相杂乱，怪奇诡僻，所谓非圣之书，异乎'正义'之名也。"（欧阳修，2001：1707）这种不脱两汉经学窠臼的学问不可能收系人心，自然起不到宣扬儒道的作用。

安史之乱以后，唐王朝元气大伤，逐渐失去了大一统的气派，往日的蓬勃朝气一去难返。皇帝或迷信方术，或迷信释教，无心振兴朝纲，恢复一统。王公大臣则各自享乐，不顾公务。整个社会危机四伏，唐王朝岌岌可危。当时的百姓只能无奈地生活在水深火热之中，面临的是无休止的灾害、瘟疫和战乱。面对残酷的现实，有社会责任感的官吏和文人无不想匡世扶危、有所作为，他们积极寻求到的救世良方就是恢复传统的儒教。正如恩格斯所说："一切历史上的斗争，无论是在政治、宗教、哲学的领域中进行的，还是在任何其他意识形态领域中进行的，实际上只是各社会阶级的斗争或多或少明显的表现，而这些阶级的存在以及它们之间的冲突，又为它们的经济状况的发展程度、生产的性质和方式以及由生产所决定的交换的性质和方式所制约。"（马克思、恩格斯，1972：602）封建知识分子囿于阶级局限性，不可能认识到社会动乱的真正根源，他们把原因大多归于意识形态领域的紊乱，这样就将国家复兴的希望寄托于意识形态领域内仁义道德的重建，从而出现了韩愈的《原道》此类代表性的文章。

为了挽救颓势，庶族地主出身的文人们高举孔孟大旗，企图振兴以儒家为正统的封建统治。官吏是寄希望于用古三代的淳厚民风来挽救世风，文人则是借文章来复兴儒学。饱读儒家经典，有强烈的济世安民、建功立业的理想和抱负的文人，把他们的理想和抱负诉诸笔端，在文章中表现出复古倾向和复古思想，形成了一股复古的思潮，进而使这种复古思潮成为文体革新的动力。活跃于大历、贞元时期的人物有萧颖士、李华、元结、贾至、独孤及，稍晚的有梁肃、欧阳詹、李观、韩愈等，他们同倡古文，上下呼应，是宗经重道，复兴儒学的倡导者和实践者。处于文体文风改革走向成熟之际，这批文人的文学实践体现在古文形式、咏史题材、儒道并存、儒学兴盛四个方面，而这些方面在李观的文章中体现得尤为突出。

（一）古文形式

骈文与古文两种文体处于不断的消长变化之中。时至中唐，文风浮靡，骈文已被越来越繁复的格律所束缚，产生了很多的弊病。其表现是：句法平板，缺少变化，重复累赘，不太适合作为自由表达思想的工具。古文单句散行，比较接近当时的口语，句式自由，不受格式限制，能够较为真实地表达作者的思想感情，更易被文人用以讥陈谏诤，代言宣传政治革新。李观已经意识到骈文的弊端，能够顺应时代潮流，创作古文作品，以古文称名于当世，韩愈后来所提出的为文主张在李观创作的古文中有非常类似的表述。

（二）咏史题材

唐代重史传统的形成始于贞观年间，这不仅造成国家修史制度的完善，史官地位的提高，也使得唐代士人普遍怀有作史之志，以作史作为高尚其志与荣耀其身的表征。史书文字的叙事手法、褒贬和实录的精神，也因此深深浸透到唐代散文之中。古文家的史传文字，或用以论世，或用以抒怀。唐人不仅好作史传，以补史之阙，更将史传文字运用到碑志、杂记等文体之中，促成史传文字的多样发展，进而造成虚构性的传奇小说的诞生与独立。李观常取材史书，纵横古今，发人深省。

（三）儒道并存

唐代士人，思想十分自由开放，这正是唐代文学能够空前繁荣发达的一个外部原因。文人除了接受正统的儒家思想外，更多受到道教的影响，扩展了文章的写作范围。李观对儒道思想就曾有专门论述，以他为代表的文士在写一些有关道教的作品，如赠道士、咏道观的作品中，特别喜欢使用一些色彩浓艳的神奇辞藻，大大丰富了古文文辞，协调了文章过于实用的倾向。

（四）儒学兴盛

对于士人来说，儒学在中唐时期无疑是一根救命稻草，可以拯救万民于水火之中。李观熟读儒家经典，多次引用孔夫子的言论来阐明自己的观点，儒家思想的影响已经深入其心。文集中多处表达他对儒学的推崇，所涉文章有《谒夫子庙文》《通儒道说》《辩曾参不为孔门十哲论》。另外，《苦雨赋》中表达了儒家"仁政"的作用。《哀吾邱子文》提倡儒家的忠孝观，目的就非常明确："观所以作《哀吾邱子文》，务勖人之中庸。"（李元宾a，1830：卷二，三叶）他提倡以德治国，以驳斥"武皇以兵，而不以德"（李元宾a，1830：卷一，十叶）的做法。他在《请修太学书》论述的是重整太学的问题，他认为，太学是立国之本："所谓德宇将摧，教源将干，先圣之道将不堪。犹火之炎上，焰焰至焚。其为不利也，岂不畏哉！……是了不知长国之术，在乎养士；养士之方，在乎隆学。夫学废则士亡，士亡则国虚，国虚则上下危，上下危则礼义销，礼义销则狂可奸圣，贼可凌德。圣德威迤，不知其终。”“臣伏思太学之为道也，厥惟大哉。实所以德宇于国家，教源于万方，辨齐于人伦，亲亲而尊尊。诚宜岁敕崇严，日致肃祗。工度木不俟乎榱桷崩，朝命官取称乎师氏当。然后乃可以陈四代之礼，兴无穷之风，开素王之堂，削青衿之篇。人懋廉隅，俗捐争端，天下之仁人相则焉。是以德由此泽，教由此流，若水之润下，泽满植物，利不浩哉！”“盖以其庇民之德，祚国之仁，可仰而巍巍，且太学之兴，本于有虞，达于三王，踰至于汉魏以降，特盛于我太宗文皇帝，重圣遵之，无以增荐。兴于先皇，而及于圣朝，此乃古帝王愍醇醨乱萌，故用教于人，百代奉之以宏长国家，广之以存济元元。”（李元宾 a，1830：卷五，一—三叶）他认为，整修太学才能养才士，养才士才能兴国安邦，体现出的是强烈的儒学复兴意识。以李观为代表的儒士认识到，要重建儒学的权威，就必须抛弃烦琐章句和谶纬迷信的羁绊，把儒学改造成为经世致用的意识形态。进而，把儒学思想用生动流畅、精练形象的文学形式充分表现出来，使之扣动人们的心扉，心悦诚服地去接受它。

第三节　本章小结

安史之乱后，唐王朝由盛转衰。士人的生存状态、文化心态亦随之变化，由盛世的高歌颂国转向当世的低调兴国，萌生了复兴儒学以拯时救世的强烈愿望。李观沉浮其中，把古文作为宣扬复古思想的有力武器，用古文反映他身处的这个过渡性的时代，成为儒学复兴的倡导者和实践者。

第三章

李观年谱及作品系年

《〈唐文粹〉序》有言："惟韩吏部超卓群流，独高遂古，以二帝三王为根本，以六经四教为宗师，凭陵辚轹，首唱古文，遏横流于昏垫，辟正道于夷坦。于是柳子厚、李元宾、李翱、皇甫湜又从而和之，则我先圣孔子之道，炳然悬诸日月。故论者以退之之文，可继杨孟，斯得之矣。"（姚铉，1986）韩愈《送孟东野序》也曾提到李观："唐之有天下，陈子昂、苏源明、元结、李白、杜甫、李观皆以其所能鸣。其存而在下者，孟郊东野，始以其诗鸣。"（屈守元、常思春，1996：1465）韩愈《与崔群书》似在影射李观："自古贤者少，不肖者多。自省事以来，又见贤者恒不遇，不肖者比肩青紫，贤者恒无以自存，不贤者志满气得，贤者虽得卑位则旋而死，不贤者或至眉寿。"（屈守元、常思春，1996：1533）

透过以上诸文的描述，我们推知李观是这样一个文人：活跃于中唐贞元年间，堪当贤者，"虽得卑位则旋而死"，以古文驰声，知名当世。另外，根据史料，我们知道李观与韩愈同拜梁肃门下，一起积极从事古文创作活动。他提倡"文贵天成，不可强高也"（李元宾 a，1830：卷五，六叶）；"上不罔古，下不附今，直以意到为辞，辞迄成章"（李元宾 a，1830：卷六，八叶），对古文创作多有启示。

本章对李观的家世、生平作了粗略的考证，并对其大部分作品进行了系年，以便对李观的创作思想和背景进行更为深入的了解。

第一节 年谱及作品系年

李观，字元宾。生于大历元年（766），卒于贞元十年（794），享年二十九岁。据韩愈《李元宾墓铭》："李观字元宾，……年二十四举进士，三年登上第，又举博学宏辞，得太子校书一年，年二十九，客死于京师。"（屈守元、常思春，1996：1214）《新唐书·李华传》附有《李观传》，云："观，字元宾，贞元中，举进士、宏辞，连中，授太子校书郎。卒，年二十九。"（欧阳修等，1975：5779）李翱《与陆傪书》亦云："李观之文章如此，官止于太子校书郎，年止于二十九。"（李翱，1993：29—30）以上各种资料均未提及李观的确切卒年。岑仲勉先生的《李观疑年》通过考证贞元八年（792）李观举博学宏辞，分析韩愈所作李元宾墓志铭的文意，再举李观遗文相佐证，确认李观卒年为贞元十年（794）（岑仲勉，2004：433—434）。

李观郡望陇西（今属甘肃），居江东吴地（今江苏苏州）。据韩愈《唐故太子校书李公墓志铭》云："其先陇西人也。始来自江之东。"（屈守元、常思春，1996：1214）又在《瘗砚铭》中提到"陇西李元宾始从进士，贡在京师"（屈守元、常思春，1996：1159）。李翱《荐所知于徐州张仆射书》也载："陇西李观，奇士也。"（李翱，1993：32）除此而外，李观在《谒夫子庙文》中自称"世载儒训者陇西李氏子观"（李元宾a，1830：卷二，一叶）。《与张宇侍御书》："观……身未入洛，家犹寄吴。"（李元宾a，1830：卷四，十二叶）《贻先辈孟简书》："仆长于江表，今未弱冠。"（李元宾a，1830：卷五，四叶）《上贾仆射书》："观江东一布衣耳，客游长安五年。"（李元宾a，1830：卷三，十四叶）《与膳部陈员外书》："观长于江湖之乡，学于仁义之书。"（李元宾a，1830：卷三，八叶）《东还赋》："我之家兮，逼江湄而临海濆，其地则古有吴王夫差，十代之风兮。"（李元宾a，1830：卷二，八叶）考《元和郡县志·江南道·苏州吴郡紧》："太湖在（吴）县西南五十里。""松江在（吴）县南五十里，经昆山入海。"（李吉甫，1983）李观所谓的"江湖之乡"，指的就是松江和太湖环绕的这片故土。

从以上李观谈及自身的文章中，随处可见其流露出的深厚的陇西根和江东情。陇西，顾名思义，陇山之西，古时陇西亦称陇右，泛指陇山以西今甘肃省东部地区。陇西李氏是李姓中显要的一支。今人孟永林等撰文《李氏渊源及"陇西"李氏考略》阐述了陇西李氏的发展历程，归纳如下：秦汉时期设置陇西郡，陇西李氏是李姓的郡望之一。魏晋时期在乱世中兴起，隋朝时已成望族。唐朝时更为发展壮大，唐太宗修《氏族志》，将李姓置于诸士族姓氏之首，并将有功之臣赐姓李。从此，陇西李氏由一个血缘系统的宗族演变成为一个多元化的庞大世族。由于战乱、自然灾害

等原因，陇西李氏曾进行过频繁的迁徙，分散在祖国的大江南北。（孟永林、许有平，2006：9—12）

《新唐书·李华传》云："李华，字遐叔，赵州赞皇人。"（欧阳修等，1975：5775）"宗子翰，从子观，皆有名。"（欧阳修等，1975：5776）史书记载李元宾为李华从子，而岑仲勉先生认为此记载为一谬误，他在文章《中唐四李观》中认为：李华的从子李观，曾任监察御史，而韩愈的好友李观卒于太子校书郎一职。二人姓名相同，但终官、里居和郡望均不同，把元宾李观当作李华从子确实是"未审所据"。对于史书记载的这一谬误，有些学者不加分辨，沿袭此说，如《全唐诗》卷三百一十九："李观，字元宾，赵州人"（彭定求等，1999：3596）；《郡斋读书志》："李观，元宾也，华之从子。"（晁公武，1988）有些学者不但把李观作为李华的从子，而且误认为李观的籍贯就是赵州赞皇（今属河北），以讹传讹，如：光绪十年王灏《书新刊〈李元宾文集〉跋》云："观，字元宾，赵州赞皇人"（李元宾，1985）；《李元宾文编》四库提要也云："观字元宾，赵州赞皇人，李华之从子也。"（李元宾b，1993）这里，我们认同岑仲勉先生的观点，认为元宾不是李华的从子，他的籍贯也不是赵州赞皇。

通过上文他人对李观的介绍和李观本人的陈述，我们判断，李观家族大概是安史之乱以后南迁的关陇士族。以下是我们根据李观的文章对李观的生平和行事进行的推断和考证。

有兄，名不详，弟名李兑

《东还赋》："亲之慈兮，兄之友与弟之悌。"（李元宾a，1830：卷二，八叶）《与处州李使君书》谈及其兄，有文"藉父兄之庆余，笃信义以立志"（李元宾a，1830：卷三，一叶）。观另有《报弟兑书》一篇，提到弟李兑"年不甚幼，……拟举明经"（李元宾a，1830：卷五，六叶）。

从叔李士举

李士举，观之从叔，曾任监察御史。贞元九年（793）被任命为观察判官。冬季，任苏州刺史。据《浙西观察判官厅壁记》："太原王公廉察之七年，署监察御史李公士举为观察判官。……九年冬，苏州刺史有丁忧去官，连城命公来抚吴，……从侄观拜命而书，愧为公羞，九年十一月十四日记。"（李元宾a，1830：卷一，十三叶）考《旧唐书》卷十二本纪第十二载：贞元三年（787）八月，"壬申，以给事中王纬为润州刺史浙西观察使"（刘昫，1975：358）。从贞元三年（787）后推七年，为贞元九年（793），此年为该文所谓的"太原王公廉察之七年"，与李观作此文的时间刚好吻合。

外祖父曾为河南行军司马

据《贻先辈孟简书》："仆外氏河南行军司马，旧曾与足下游扬善声。"（李元宾 a，1830：卷五，四叶）

舅，某，名不详

李观舅，某，为奚陟好友。据李观《与吏部奚员外书》一文："观之舅与十丈日与相善，古人之分也。始命观曰：'吾有古人某光大威重，人之杰者，必能偶傥成尔。'"（李元宾 a，1830：卷三，五叶）按：奚陟，字殷卿。唐朝代宗大历末，擢进士，文辞清丽科，授弘文馆校书郎。历金部、吏部员外，《旧唐书》《新唐书》皆有传。

宗盟兄李益

李益，中唐著名边塞诗人。陇西人，与李观同宗，较李观年长。贞元七年（791），在张献甫幕府任侍御史时与李观相逢。据李观《邠宁庆三州节度飨军记》："朗宁郡王张公，拥七尺之节，临三州之师，牧我邠荒，藩我雍疆。……国家郊祀之明年，观布衣来游，宾公之筵。宗盟兄侍御史益，有文行忠信，而从朗宁之军，……故不自书，命观书之。"（李元宾 a，1830：卷五，七一八叶）

代宗永泰二年　大历元年丙午（766）一岁

代宗大历二年丁未（767）二岁

代宗大历三年戊申（768）三岁

相关人事：韩愈生

代宗大历四年己酉（769）四岁

代宗大历五年庚戌（770）五岁

代宗大历六年辛亥（771）六岁

代宗大历七年壬子（772）七岁

代宗大历八年癸丑（773）八岁

代宗大历九年甲寅（774）九岁

此前行年皆不可考，但文墨中略有反映。《与吏部奚员外书》提到"有亲而贫，旨养不充。侨处江介，无素基业"（李元宾 a，1830：卷三，五叶）。李观的《东还赋》云："我之家兮，逼江湄而临海濆，其地则古有吴王夫差，十代之风兮。但传乎稽古，数亩之宅兮，不树乎桑麻。亲之慈兮，兄之友与弟之悌，常浣衣而菲食。"（李元宾a，1830：卷二，八叶）通过李观文中对旧时家乡生活的回忆，可以了解到：李观的家乡逼江临海，家中田宅不广，家人菲食薄衣，但双亲慈爱、兄友弟恭，生活清苦却其乐融融。

相关人事：李华卒。节度使田承嗣叛乱

代宗大历十年乙卯（775）十岁开始读书学古，受严师心训。

据《与右司赵员外书》："观东人之后，十岁读书。"（李元宾a，1830：卷三，六叶）《谒夫子庙文》："桓拨之十有三祀，秋七月朔。"（李元宾a，1830：卷二，一叶）桓拨指拨乱反正。按：安史之乱自唐玄宗天宝十四年（755）至唐代宗宝应元年（762），历时七年。李观文中的"桓拨"很可能指的是安史之乱，这样可以推断李观谒夫子庙的时间当在大历十年七月初一。

代宗大历十一年丙辰（776）十一岁

代宗大历十二年丁巳（777）十二岁

相关人事：四月，独孤及卒于常州

代宗大历十三年戊午（778）十三岁

《道士刘宏山院壁记》文曾提道：刘道长"大历十三年，旋此旧迹"（李元宾a，1830：卷四，五叶）。可以判断，李观作这篇院壁记的时间只能在此年之后。

代宗大历十四年己未（779）十四岁

德宗建中元年庚申（780）十五岁

德宗建中二年辛酉（781）十六岁能为文，有雄心抱负。

据《与右司赵员外书》："观东人之后，十岁读书，十六能文，不止能文，亦有雄心。"（李元宾a，1830：卷三，六叶）《与吏部奚员外书》云："观之心与天下之人心异，其所务亦异。"（李元宾a，1830：卷三，四叶）其"异"在于：愿立可久之誉，非求自身显达，期望取得微名薄禄赡养双亲，以尽孝心。

相关人事：正月，"二帝四王"之乱开始

德宗建中三年壬戌（782）十七岁

德宗建中四年癸亥（783）十八岁以乡贡进士荐，未赴举，仍居吴地。

先修书《与睦州独孤使君书论朱利见》，阐述自己师古、复古、行古之风，被独孤使君称作奇文，亲自召见，视作知己。文曰："观洁身履古，立行师古。"（李元宾a，1830：卷四，九叶）据郁贤浩《唐刺史考全编》考证：独孤使君指的是独孤及之兄独孤氾，约贞元初任睦州刺史。（郁贤皓，2000：2102）后写《与张宇侍御书》又论朱利见之事。据李观《与张宇侍御书》一文："观年十有八，再忝乡荐。身未入洛，家犹寄吴。"（李元宾a，1830：卷四，十二叶）判断此信系李观十八岁时即建中四年（783）所书。又据该信："观比有一书，上此州独孤使君。先论朱利见，续以古今事。尔时，独孤公尺书见招，知己相遇，缓蹑珠履，偕升兰堂。饱之以嘉肴，醉之以芳醴。特赏才调，且怜义声。仍谓观曰：'见足下高作，奇之又奇。'""其所上独孤公书，兼录呈上，唯少批睹，明不虚耳。"（李元宾a，1830：卷四，十二叶）知李观写给独孤氾的书信也当在此年或更早。《贻睦州纠曹王仲连书》中也论述朱利见之事，并提及"兼有拙书，致于专城"（李元宾a，1830：卷三，四叶）。由此可见，确切地说，独孤氾建中四年（783）就已在睦州刺史任上。李观此时虽在吴地，但在《贻睦州纠曹王仲连书》中开篇写道："观羁旅之人也，运会未合，汲汲不暇"（李元宾a，1830：卷三，三叶），流露出李观初踏科举、客居吴地时内心深处的漂泊之感。

德宗兴元元年甲子（784）十九岁拜访孟简，遭拒。

年未弱冠，求友胜己，但气量偏小，个性张扬。徒步前去孟简家中拜访，一心想与孟简结识，却被孟简称病推脱不见，李观深感受辱。为抒发心中愤懑之情，临走之前，留下书信一封《贻先辈孟简书》，文中一针见血地指出孟简嫌贫爱富的人性本质。唐世称举人已第者为先辈，而孟简此时并未及第，李观文中称孟简为先辈，似有讽刺之嫌。《池北偶谈》评论此文"粗率叫呶，如醉人使酒骂坐"（王士禛，1982）。据《贻先辈孟简书》："仆长于江表，年未弱冠"；"仆每怀殊节，不履常迹。立名委运，求友胜己。是以昨昼徒步，奉寻所居"（李元宾a，1830：卷五，四叶）。按：孟简，字几道，平昌人，长期寓居吴中，贞元七年进士及第，《旧唐书》《新唐书》皆有传。

德宗贞元元年乙丑（785）二十岁颇览古今，累受郡荐，虽有求取功名之心，但因资用匮乏，只好静居养晦。

据《与房武支使书》："观静居养晦，束发初冠。累受郡荐，不随计偕。直以无亲于权右，寡誉于乡曲。陆行缺徒御，长迈匮资用。"（李元宾a，1830：卷四，六叶）此时，州举人陈昌言、朱公荐、戴察均以才获送，却因家庭原因不能赶往京师应试，李观就此与群公聚会讨论。大胆上书《与房武支使书》，请求支使"实数子之囊，备二京之粮"或者"言之于有司，取我王税，量其丰省，赡其所须"（李元宾a，1830：卷四，七叶）。李观凭着书生意气，为群公代言，实乃义举。

《代彝上苏州韦使君书》和《代李图南上苏州韦使君论戴察书》此两封代笔书信也是为人伸张正义之书。信中提到的苏州韦使君指的是韦应物。据郁贤浩《唐刺史考全编》载：韦应物在贞元四年（788）到贞元六年（790）任苏州刺史（郁贤皓，2000：1915），与傅璇琮《韦应物系年考证》看法一致。

此年，观要到越地去，经过杭州，途中生病，未能亲临拜谒房使君，遂作《上杭州房使君书》。文曰："观将适于越，途经贵州，无何遇疾，不获俯谒。"（李元宾a，1830：卷四，九叶）郁贤浩《唐刺史考全编》考证此文的杭州房使君为房孺复，约贞元四五年（约788—789）在任（郁贤皓，2000：1979）。但据李观《上杭州房使君书》的首句："观白衣之王臣也，育于天人间二十年矣。"（李元宾a，1830：卷四，七叶）断定此文作于李观二十岁左右。此文中有"不然者，何得奋于戎佐，一举趾跨上二千石欤？"（李元宾a，1830：卷四，八叶）判断此文作于房使君任职之初。白居易《吴郡诗石记》："贞元初，韦应物为苏州牧，房孺复为杭州牧，皆豪人也，……时予始年十四五，旅二郡，……前后相去三十七年，江山是而齿发非。……宝历元年七月二十日苏州刺史白居易题。"（白居易，1999：940—941）郁贤浩先生根据宝历元年上推三十七年为贞元四年，判断贞元四年韦应物在苏州刺史任，房孺复在杭州刺史任，此说不假。但白居易大历七年（772）生，贞元四年（788）已是十七岁，何以在文中写"时予始年十四五"而不写十六七或十七八呢？难道是白居易醉酒后记错了自己的年龄？似不可能。白居易指的"始年十四五"是他刚到吴郡的年龄，并不是宝历元年三十七年前的贞元四年，因为贞元四年时，他已经在吴郡居住了四年左右了。白居易所谓的"前后相去三十七年"的贞元四年，大概指的是诗人苦读诗书以备进士考试之时。《与元九书》中的"十五六，始知有进士，苦节诗书"（白居易，1999：649）正是此时的写照。诗人在春风得意之时回想自己备考之苦的当年也是很有可能的。据《白居易年谱》记载：德宗贞元二年丙寅（786）白居易十五岁，"仍在江南，……旅苏、杭二郡"（朱金城，1988：11）。另据顾学颉整理《白居易年谱简编》记载：德宗贞元元年乙丑（785）白居易十四岁时旅居苏、杭二州。与白居易《吴郡诗石记》相照映，此时诗人韦应物为苏州刺史，房孺复为杭州刺史，居易深慕其为人，私自念曰："异日苏、杭，苟获一郡，足矣。"（白居易，1999：940）由此我们判断贞元元年（785）前后，韦应物已为苏州牧，房孺复已任杭州牧。

　　郁贤浩的《唐刺史考全编》认为《与处州李使君书》的李使君姓名不可考，标注为"李某，贞元中？"（郁贤皓，2000）。这里，笔者认为：李使君疑为李舟。理由有下：其一，李舟贞元年间曾任处州刺史。梁肃《处州刺史李公墓志铭》记载：李舟起家除陕州刺史，换处州刺史。《祭李处州文》写道：梁肃谨以清酌庶羞之奠，敬祭于故处州刺史陇西李公之灵。今人严寅春《李舟年谱考略》考证，李舟于贞元元年（785）先任陕州刺史，未到任，改任处州刺史。（严寅春，2006：62—67）其次，李舟是陇西成纪人，与李观同宗同姓，故李观在文中称李使君为十叔。基于以上理由，我们推断李使君指李舟。

　　德宗贞元二年丙寅（786）二十一岁。

　　相关人事：四月，"二帝四王"之乱结束

　　德宗贞元三年丁卯（787）二十二岁尚在吴中，未入长安。

　　据《与处州李使君书》："云雨未泰，其节弥固。……观名虽未彰。""哀鸣吴坂之侧，……且士有才与艺，而不北入洛，西入秦，终弃之矣。观尝言向同道，勉而速行。昨日遂有白衣少年掉臂而往，连墙数子祖离于吴阊门外。"（李元宾 a，1830：卷三，一叶至二叶）此时，李观尚在吴中，未西入长安，当在贞元四年（788）之前。

　　由上文知李观二十岁尚因旅资问题滞留在家乡，二十二岁未入长安。其《故人墓铭并序》载："予旅西土，不知所哭，素轩助绋，时虑弗及，遂托东人之归者，以志铭一篇，令置于棺右。"（李元宾 a，1830：卷一，十二叶）知写此篇文章时已离家西游，断此篇文章所作时间当在李观二十二岁之后。

　　相关人事：李舟卒。韩愈进京应试

　　德宗贞元四年戊辰（788）二十三岁八月，周览秦原，过茂陵。

　　作《吊汉武帝文》，文中云："戊辰岁秋八月，周览秦原，次茂陵之下。"（李元宾a，1830：卷六，五叶）《元和郡县图志》卷二京兆府兴平县有文曰："汉茂陵，在县东北十七里。"（李吉甫，1983）此年，李观赶往京师，求取功名。据贞元八年（792）韩愈所作《瘗砚文》云："李观元宾始从进士贡在京师，或贻之砚。既四年，悲欢穷泰，未尝废其用。凡与之试艺春官，实三年登上第。"（屈守元、常思春，1996：1159）由该年上溯四年即为贞元四年（788）。

德宗贞元五年己巳（789）二十四岁三月始入京，举进士。

以卑微的身份干谒豪门高官，备受打击和冷落，在怅惘和苦闷中拼命挣扎。

行卷《与右司赵员外书》中，李观描述了自己初入京师的生活状况："舍逆旅主人，仰见帝居，双阙入云。顾身仿佯，若游尘止于五岳之高"；"持无似之文，干有名者数公。望其刮目以鉴真，作致身之椎轮。客去门掩，然以寂寥无言"；"春官解褐，试士于司存。观亦捧手碟足而滥其不群于伍"；"灼有明文曰：'我采不渝，尔则怀珉'"；与故旧"置酒一榼而欢饮之，以得失相安。然常人有情，亦不免怅焉"（李元宾a，1830：卷三，六—七叶）。此时的李观，身卑位贱，人微言轻，颇具孤寂飘零之感。

德宗贞元六年庚午（790）二十五岁春季科举考试应试不第，曾寄身国子监，与欧阳詹同为广文馆生。

据《报弟兑书》："六年春，我不利小宗伯。……是年冬，复不利见小宗伯。"（李元宾a，1830：卷五，五叶）据《唐摭言·广文》："天宝九年七月，诏于国子监别广文馆，以举常修进士业者，斯亦救生徒之离散也。始，其春官氏擢广文生者，名第无高下。贞元八年，欧阳詹第三人，李观第五人。"（王定保，1978：8）《与吏部奚员外书》："观寄国子监时，又闻举子其艰苦憔悴者，虽有铿鍧其才，不如啮肥跃骏足党与者。"（李元宾a，1830：卷三，五叶）此时，李观又与韩愈、李绛、崔群同游梁肃门下。《唐摭言·知己》载："贞元中李元宾、韩愈、李绛、崔群同年进士，先是四君子定交久矣，共游梁补阙之门。"（王定保，1978：81）春试落榜后，有干谒之作《与右司赵员外书》，前文已述。另有《与膳部陈员外书》上书陈员外，提出愿有司"留视于轨度之外者，绥听于声称之遗者"（李元宾a，1830：卷三，八叶）。该文的膳部陈员外为陈京，据清劳格等人撰写的《唐尚书省郎官石柱题名考》考证：德宗时，陈京

"又考外补，膳外补"（劳格、赵钺，1992：925）。柳宗元的《唐故秘书少监陈公行状》记载陈京为"左补阙、尚书膳部考功员外郎、司封郎中、给事中、秘书少监。自考功以来，凡四命为集贤学士"（董诰等，1983：5980）。《新唐书·陈京传》载："贞元七年……京以考功员外郎又言……"（欧阳修等，1975：5713）。由以上推断：陈京在贞元七年（791）前后任膳部员外郎，李观在干谒陈京信中讨论取士之道。

秋季，迫近科举考试之时，李观作《与吏部奚员外书》以干谒吏部奚员外，但仍无果而终。据清劳格等的《唐尚书省郎官石柱题名考》考证，此吏部奚员外为奚陟（劳格、赵钺，1992：232）。据《与吏部奚员外书》："加复入此月，夏草尽绿，朔风之情起，白华之恋切。无衣之累叹，偏在遥夕。……今去举已促，甚自激发，其有未知己者，大可畏也。俾未知者有闻，非十丈其谁哉。"文中另外提到"昨者有《放歌行》一篇，拟动李令公徽数金之恩"（李元宾 a，1830：卷三，五—六叶）。《放歌行》今已不可见。李令公为李晟，德宗时为中书令。根据《旧唐书》卷十二："晟收复京城。……己酉，加李晟司徒兼中书令，实封一千户。"（刘昫，1975：343）在《新唐书·奚陟传》中也提道"时中书令李晟所请纸笔杂给，皆不受"（欧阳修等，1975：4022）。"中书令李晟有纸笔猥料积于省，它日以遗舍人，而杂事舍人常私有之，陟均舍寮无厚薄。"（欧阳修等，1975：5044）李观在此文中坦率地写道："年二十六七之侧，始合游人间，求随武子、郭林宗之俦，以为行媒。"（李元宾 a，1830：卷三，四叶）李观承认，此时，他才略通进入仕途的游戏规则。

据《旧唐书》卷十三本纪第十三："是夏，淮南、浙东西、福建等道旱，井泉多涸，人渴乏，疫死者众。"（刘昫，1975：369）"十一月庚午，日南至，上亲祀昊天上帝于郊丘。"（刘昫，1975：370）此年，李观作《郊天颂》宣扬郊祭准备时的肃穆气象，称颂皇上的圣德。其文《常州军事判官厅壁记》亦有所提及："六年冬，皇帝郊昊天，理百神。"（李元宾 a，1830：卷六，四叶）《说新雨》似是此年之作，通过论说新雨表现出对圣朝的仰慕之心，文中提道："雨不戾止，……岁四月中，旱炎燀燀"（李元宾 a，1830：卷二，六叶）。

德宗贞元七年辛未（791）二十六岁于京师穷居，读书著文。司分之月，乘疲驴，出长安，西游干谒诸侯，无望，后复归长安。

参见李观的《报弟兑书》一文："六年春，……于时顾逆旅而无聊，图俟时而尚遐，发能迁之虑，缄莫知之嗟。乃以其明年司分之月，乘疲驴出长安，西游一二诸侯，求实于囊。往复千里，投身甚难。……会候人举烽，我茫然谓戎来，遂夜驰归。长安穷处，萧条犹初。"（李元宾 a，1830：卷五，五叶）西游之时，适逢邠宁庆三州节度飨军，李观参与此筵，受其宗盟兄侍御史李益之托，作《邠宁庆三州节度飨军记》，文曰："于时岁纪协洽，国家郊祀之明年，观布衣来游，宾公之筵。"（李元宾 a，1830：卷五，八叶）据此推断此文作于贞元七年（791）。另据郁贤浩《唐刺史考》考证，时任邠宁庆三州节度的是张献甫，此公贞元四年（788）—贞元十二年（796）在任。

　　八月，作《报弟兑书》把自己入京三年的困窘情形告知胞弟李兑，教导李兑为文贵在天成，为人千万孝悌，兄弟间情深意切。据《报弟兑书》："行至八月，天地凄凉。叶下西郊，我在空房。""文贵天成，不可强高也。……依依有遗，千万孝悌，其兄云云。"（李元宾 a，1830：卷五，六—七叶）

　　九月，作《吊监察御史韩弇没蕃文》，文曰："维唐贞元元年，匈奴上款乞盟。……监察御史韩君载笔而随焉。……韩君之为擒，其几命欤。五年于兹，生死不寻。……秦中九月，黄叶始下，长风西来，烈烈飘野，望君申吊。"（李元宾 a，1830：卷二，四叶）监察御史韩弇为韩愈的从兄。据《册府元龟》卷九八一："贞元三年五月戊子，以侍中浑瑊为吐蕃清水会盟，……须臾，贼众四合，荣力屈而降，奉朝及瑊、判官殿中侍御史韩弇，并为乱兵所杀。"（王钦若等，1960）《新唐书》卷七载：三年"闰月辛未，浑瑊及吐蕃盟于平凉，吐蕃执会盟副使兵部尚书崔汉衡，杀判官殿中侍御史韩弇"（欧阳修等，1975）。《钦定续通志》：三年，"……辛未浑瑊及吐蕃盟于平凉，为吐蕃兵所劫，执副使崔汉衡杀判官韩弇"（嵇璜等《钦定续通志》）。这三处文献记载，结盟的时间即韩弇被掳的时间为贞元三年（787）。由贞元三年（787）推后五年即贞元七年（791）是李观写作此文的时间。此文后由李观献于陆贽观览，而后文我们对所献之文时间的推断也印证了此文最晚创作于贞元七年（791）。

　　十一月，李观曾从京师到高陵经过西安市东北的东渭桥，作《东渭桥铭并序》一文，抒发"物有时行，功有时止"的感慨和"琢珉川上，日月终始"的抱负（李元宾 a，1830：卷一，十一叶）。据《授衣赋》："几年业儒，衣不完缕，体无肌肤。""道之未行，节曷可渝。"（李元宾

a，1830：卷二，十叶）知此文当作于贞元八年（792）考中进士之前的某个穷秋之月。

相关人事：韦应物卒于苏州刺史任。

德宗贞元八年壬申（792）二十七岁春季，登进士第。

参加科举考试，试《明水赋》（亡佚）、《御沟新柳》诗。据清徐松《登科记考》卷十三"贞元八年"条："试《明水赋》，以'玄化无宰，至精感通'为韵，见《文苑英华》。《御沟新柳诗》，见洪兴祖《韩子年谱》。"（徐松，1984：463）《全唐文》卷九六〇有缺名《明水赋》一篇，与贞元八年试题同题同韵，是否为李观之作，尚待考。《御沟新柳》立意颇新，以老柳树的口吻抒发离愁别绪。

是年，兵部侍郎陆贽知贡举，兵部郎中王础与右补阙翰林学士梁肃辅佐之，号称"得人皆煊赫"。李观与韩愈、欧阳詹、冯宿、王涯、李绛、崔群等同榜进士及第，共二十三人，"皆天下选，时称'龙虎榜'"（欧阳修等，1975：5787）。欧阳詹第三名，李观第五名，冯宿第六名，韩愈第十三名。除《登科记考》外，李贻孙《故四门助教欧阳詹文集序》中也有叙述："寻而陆相赞知贡举，搜罗天下文章，得士之盛，前无伦比，故君名在榜中。常与君同道而相上下者，有韩侍郎愈、李校书观。洎君并数百岁杰出，人到于今伏之。"（杨遗旗，2012：337）李观于帖经日当天作文《帖经日上侍郎书》，文中的侍郎指的是兵部侍郎陆贽。文中提到贞元七年（791）冬季，李观曾向陆侍郎献文十篇，即交纳的省卷，列举有九篇：《安边书》《汉祖斩白蛇剑赞》《报弟书》《邠宁庆三州节度飨军记》《谒文宣王庙文》《大夫种碑》《项籍碑》《请修太学书》《吊韩弇没胡中文》。可以推断以上九篇作于贞元七年（791）冬季之前。李观这十篇文章，文体多样，涉及书启、赞文、吊文、杂记、碑文等多种文体，这些应该是李观所擅长的。省卷内不包括一篇诗作，这与李观对于诗赋"实非甚尚""颇亦极思"是相吻合的。

李观有诗《赠冯宿》，诗云："寒晨上秦原，游子衣飘飘。……时无青松心，顾我独不凋。"（李元宾 a，1830：卷五，九叶）按：冯宿，字拱之，婺州东阳人，与李观为友，同年进士，《旧唐书》《新唐书》皆有传。韩愈在登第之日作《北极赠李观》，诗云："我年二十五，求友昧其人。哀歌西京市，乃与夫子亲。"（屈守元、常思春，1996：2）同年，观又与陆复礼、裴度同中博学宏辞科，观被授予太子校书郎一职。《钧天乐赋》

和《贞元八年宏辞试中和节诏赐公卿尺诗》是此年的宏辞试题，见《登科记考》"贞元八年"条。按：中和节，指农历二月朔，贞元五年（789）唐德宗诏废正月晦日之节而建中和节，为唐代三令节之一。《唐诗纪事》卷四十载，是岁，陆复礼第一，李观、裴度次之。（计有功，1987）《宿裴友书斋》是李观所作的与裴度有关的诗篇，有诗句"久游失归趣，宿此似故园"①（李元宾 a，1830：卷五，九叶）。

此年，李观与孟郊、崔宏礼有交游。李观初登第之时以梁肃门生的身份作《上梁补阙荐孟郊崔宏礼书》，向梁肃推荐孟郊和崔宏礼二人。孟郊此年作有《古意赠梁补阙》诗以自陈。孟郊还有《赠李观》一首，自注：观初登第。诗云："谁言形影亲，灯灭影去身。谁言鱼水欢，水竭鱼枯鳞。昔为同恨客，今为独笑人。舍予在泥辙，飘迹上云津。卧木易成蠹，弃花难再春。何言对芳景，愁望极萧晨。埋剑谁识气，匣弦日生尘。愿君语高风，为余问苍旻。"（华忱之、喻学才，1995）孟郊下第之后，离开长安到徐州张建封幕府，作诗《答韩愈李观别因献张徐州》与韩愈、李观辞行，诗云："故人韩与李，逸翰双皎洁。哀我摧折归，赠词纵横设。"（华忱之、喻学才，1995：329）孟郊另有《下第东归留别长安知己》，应与李观有关，有诗句曰："共照日月影，独为愁思人。"（华忱之、喻学才，1995：144）

据《旧唐书》卷一四九列传第九九、《新唐书》卷一六九列传第九〇所述：是岁，关东、江南、淮西各州县大雨为灾。《旧唐书·奚陟传》载："贞元八年，擢拜中书舍人。是岁，江南、淮西大雨为灾，令陟劳问巡慰，所在人安悦之。"（刘昫，1975：4022）据《唐会要》卷七十七载："贞元八年八月，诏曰：朕以薄德，托于人上。励精庶政，思致雍熙，而诚不动天，政或多阙。阴气作沴，暴风荐臻。自江淮而及乎荆湘，历陈宋而施于河朔。其间郡邑，连有水灾。城郭多伤，公私为害。损坏庐舍，浸败田苗。或亲戚漂沦，或资产沈溺。"（王溥，1955）由此推出《苦雨赋》概系此年之作。

德宗贞元九年癸酉（793）二十八岁东还拜亲，年末返京。

东还拜亲前作《上陆相公书》对恩师陆贽拜谒辞别。文曰："今者东还拜亲，……于是乃屏穷处之中，集常念之言，修辞谒之书。"（李元宾

----

① 《赠冯宿》和《宿裴友书斋》两首诗均见《李元宾文集·诗附》。

a，1830：卷三，七—八叶）文中有"昨者卢贾二公同升台鼎"（李元宾 a，1830：卷三，十二叶），知此文为卢迈、贾耽升为宰相不久。

七月末八月初衣锦还乡，其友人持酒肉在长安附近灞桥之上送行，观作《东还赋》，有文："我思西来兮，犹前日之未赊。岁回复兮，候历五稔。……今虽非乎乘车而輄除道，亦庶乎执笏而还家。……候入八月，灞上之日西南斜，城中之人或持酒肉以送我。"（李元宾 a，1830：卷二，八叶）

十一月十四日，作《浙西观察判官厅壁记》。浙西观察判官李士举是李观的从叔，贞元九年（793）冬抚吴。当月回京途中，从苏州经过常州时，作《常州军事判官厅壁记》一篇，有文："九年冬，复命袭爵南阳公，……是年十一月，某赴京师，自苏州至常州，会袁生宏厅前轩，……乃白府公留为记，……记之年月，在乎记中。"（李元宾 a，1830：卷六，四叶）据郁贤浩《唐刺史考全编》考证，常州军事判官指的是韦夏卿，贞元八年（792）—贞元十一年（795）在任（郁贤皓，2000：1887）。回京后作《上贾仆射书》和《安边书上宰相》。贾仆射指的是贾耽，两唐书有传。据《新唐书》卷一六二表第二和卷一六六列传第九一：贞元九年（793），贾耽以尚书右仆射同中书门下平章事。此年，宰相为卢迈、贾耽和赵憬三人。

相关人事：刘禹锡、柳宗元同榜进士及第。梁肃十一月病逝。

德宗贞元十年甲戌（794）二十九岁客死京师。

李观整日忧心忡忡，身体常年虚弱多病，加上车马劳顿，回长安后不久病倒在床。韩愈作《重云李观疾赠之》以示慰问，诗云："天行失其度，阴气来干阳。重云闭白日，炎燠成寒凉。小人但咨怨，君子惟忧伤。"（屈守元、常思春，1996：17）未到秋季，观病卒于长安。入殓三日之后，好友博陵人崔宏礼"殚褚为治丧"，把李观安葬在庆义乡嵩原，距离长安东门七里之遥。韩愈为之作《唐故太子校书郎李公墓志铭》，次年立碑。据李元宾墓志铭："既敛之三日，友人博陵人崔弘礼葬之于国东门之外七里，乡曰庆义，原曰嵩原。"[①]（屈守元、常思春，1996：1214）此年秋，孟郊奔赴长安，作《哭李观》《李少府厅吊李元宾遗字》和《吊李元宾坟》三首诗哀悼好友李观。

----

① "弘"同"宏"。

　　李观十年苦命读书为登第，登第之初却客死异乡。人世间大苦、大喜、大悲接踵而至其一身。其苦短人生，令人扼腕兴叹，备觉惘然。借用李观曾写《故人墓铭并序》所言："頹颜不相，五十当贵。若何倏忽，而与物皆化"（李元宾a，1830：卷一，十一叶）句，看来，李观也未能达到自己所认为的"当贵"的年龄，就匆匆离世了。

第二节　本章小结

　　李观的人生历程，大致可分三个阶段：

　　第一阶段：从代宗大历元年（766）出生到德宗建中元年（780），是他早年的研习阶段，也是为其日后赴官任职苦心准备的阶段。在接受艺文训练和进行知识积累的同时，某些先儒思想自然而然地被他所接受，成为其观察和思考人生与社会的基本准则。

　　第二阶段：从德宗建中二年（781）到德宗贞元七年（791），是其仕进过程的求遇阶段。他从单纯的书斋走向复杂的社会，面对考场内外开展的激烈竞争，干谒贵人，以求汲引成了他必修的功课。

　　第三阶段：从德宗贞元八年（792）登进士第至德宗贞元十年（794）病故于长安，是他入仕为政的阶段。时间极短，但他对朝政热切关注，评论时事，提出建议，无时无刻不在证实着自身的存在价值。

　　从李观所留下的文章本身、历代文献记载、历史史实等各方面考察，均不能推断出写作年代的作品有：《赵壹碑并序》《周苛碑并序》《古受降城铭并序》《妄动箴》《哀吴邱子文》《泾州王将军文》《周穆王八骏图序》《交难》《晁错论》《高宗梦得说赋》《通儒道说》《辨曾参不为孔门十哲论》十二篇文章。以上文章暂且存疑，留待考证。

第四章

李观文学交游考

李观的作品中，涉及的人物形形色色，既有"龙虎榜"的众多成员，也有古文运动的先驱陆贽、梁肃等人。如果我们对李观作品所涉人物进行整理，就可以对中唐时期古文集团的具体情况有深入的了解，对李观思想的形成及自身所受的影响，也会有一个较为清晰的认识。本章试对《李元宾文集》中涉及的人物作一番细致的梳理，从侧面展现李观的心路历程。这些人物总体上可以概括为两类：李观的前辈和同辈。

第一节　前辈文人的提携

李观"在朝无近属，当路无至亲"（李元宾 a，1830：卷三，一叶），在干谒风盛行的年代，身为布衣穷愁之士而能荣登皇榜，进士及第，自身的才学和勤奋自然是必不可少的因素。同时，前辈的赏识和提携则可以为其锦上添花，既能为李观消除前进道路上的阻力，也可为他的仕途铺路。同时，在他停滞不前的时候，又充当外在的推动力，助他平步青云。

一　科第座主

李观与文学座主的交往情况，可考者为陆贽和梁肃。陆贽和梁肃的文学观念是相同的，都主张文学与政教相结合。对于李观与他的两位座主的关系，查屏球先生曾在《唐学与唐诗》中指出，在崇儒和求新这两个方面，"龙虎榜"成员与陆贽、梁肃的思想是一致的。（查屏球，2000：117）可以说，李观正是由于自身能够做到崇儒和求新，才得以在芸芸众生之中脱颖而出，得到陆贽和梁肃的赏识。

（一）陆贽

陆贽字敬舆，苏州嘉兴人，骈文大家。德宗时的许多诏书均出自其手，有"内相"之称。生于唐玄宗天宝十三年（754），卒于顺宗永贞元年（805），谥号"宣"，世称陆宣公，有《陆宣公翰苑集》24卷存世。大历六年（771）进士及第，又登博学宏辞科，授华州郑县尉，迁渭南县主簿。德宗时由监察御史招为翰林学士。唐德宗兴元元年（784）转中书舍人。贞元七年（791）拜兵部侍郎，知贡举。贞元八年（792）拜相。贞元十年（794）罢知政事，为太子宾客。十一年（795）贬忠州别驾。《旧唐书·陆贽传》："贽少孤，特立不群，颇勤儒学。"（刘昫，1975：3791）"七年，罢学士，正拜兵部侍郎，知贡举。时崔元翰、梁肃文艺冠时，贽输心于肃，肃与元翰推荐艺实之士，升第之日，虽众望不惬，然一岁选士，终十四五，数年之内，居台省清近者十余人。"（刘昫，1975：3800）德宗贞元八年壬申（792），陆贽为中书侍郎门下同平章事，权知贡举，兵部郎中王础与右补阙翰林学士梁肃辅佐之，二十七岁的李观与韩愈、欧阳詹、冯宿等同榜进士及第，共二十三人。《新唐书·欧阳詹传》称："举进士，与韩愈、李观、李绛、崔群、王涯、冯宿、庾承宣联第，皆天下选，时称'龙虎榜'。"（欧阳修等，1975：5787）《唐科名记》称此榜多为天下孤隽伟杰之士。权德舆在《唐陆宣公翰苑集序》中也说其"得人之盛，公议称之"（陆贽，1892）。李贻孙《故四门助教欧阳詹文集序》中也有叙述："寻而陆相贽知贡举，搜罗天下文章，得士之盛，前无伦比，故君名在榜中。常与君同道而相上下者，有韩侍郎愈、李校书观。洎君并数百岁杰出，人到于今伏之。"（杨遗旗，2012：337）此次科考选人重在文学之才，反映出陆贽宗经重道的文学观念，体现出陆贽不拘常例的识才观念，而这些观念与梁肃都是不谋而合的。

帖经日当天李观作《帖经日上侍郎书》一文，与陆贽探讨对这次考试内容的理解。文中引用侍郎的话："帖经为本，本实在才。才不由经，文自谬矣。由经之才，文自见矣。本于是在，不在帖是。"（李元宾a，1830：卷六，九叶）说明陆贽强调为文宗经，而宗经的重要意义不在于帖经本身，而在于宗经思想。李观对此观点再三强调，渴望得到提携之情溢于言表。文中提到贞元七年（791）冬季，李观就曾向陆侍郎行卷，所献文章都是他自认为很有新意，最能代表自己写作水平的文章。同时，他另有一文是贞元九年（793）东还拜亲之前作的《上陆相公书》，对恩师陆贽拜谒辞别，文中提到"相国昔以章句知之耳，今固亦章句待之耳"（李元宾a，1830：卷三，九叶），恩师对自己的恩德"无异起白骨，出黄泉之惠，不纯大也"（李元宾 a，1830：卷三，九一十叶）。除此之外，李观还对陆贽论述了自己的政见，他认为上至宰相下到地方官的设置都有不合理之处。韩愈类似的文章是在中举十年后的《与祠部陆员外书》，文中盛赞此榜进士皆赫然有声，满怀感激之情对陆俦称道以陆贽为主司的这次贡举。

（二）梁肃

梁肃，字敬之，一字宽中，河南陆浑人，郡望安定，古文大家。生于唐玄宗天宝十二年（753），卒于唐德宗贞元九年（793）。建中元年（780）登文辞清丽科，授太子校书郎。建中三年（782）荐授右拾遗，以母老病辞。贞元五年（789）征为监察御史，转右补阙。贞元七年（791）以本官充翰林学士、皇太子侍读、史官修撰。梁肃身居高位，崇尚古学，能以仁厚之心举荐人才，引领后辈。李观未进京时就对暂居常州的梁肃前辈极为钦佩。梁肃对李观一生有着巨大的影响，李观对其行门人之礼，立身为文对其多有效仿。《旧唐书·韩愈传》称"大历、贞元之间，文字多尚古学，效扬雄、董仲舒之述作，而独孤及、梁肃最称渊奥，儒林推重。愈从其徒游，锐意钻仰，欲自振于一代"（刘昫，1975：4195）。《唐摭言·知己》载："贞元中，李元宾、韩愈、李绛、崔群同年进士。先是四君子定交久矣，共游梁补阙之门。居三岁，萧未之面，而四贤造萧多矣，靡不偕行。萧异之。一日延接，观等俱以文学为萧所称，复奖以交游之道。然萧素有人伦之鉴。观、愈等既去，复止绛、群，曰：'公等文行相契，他日皆振大名；然二君子位极人臣，勉旃！勉旃！'后二贤果如所卜。"[1]（王定保，1978：81）《太平广记》卷一七○也有此引述。从中可以知道韩愈、李观等人在梁肃门下求学，曾直接受到梁肃的教导。

《唐摭言·通榜》载："陆忠州榜时，梁补阙肃、王朗中杰佐之，肃荐八人俱捷，余皆共成之。故忠州之得人，皆煊赫。"（王定保，1978：82）《容斋随笔》释"通榜"为："唐世科举之柄专付之主司，仍不糊名，又有交朋之厚者为之助，谓之'通榜'。……故其取人也，畏于讥议，多公而审。亦有胁于权势，或挠于亲故，或累子弟，皆常情所不能免者。若贤者临之则不然，未引试之前，其去取高下因已定于胸中矣。"（洪迈，1996：669）据《登科记考》，贞元八年陆贽知贡举，梁肃、王础

---

[1]　此句的"萧"字为"肃"字之讹。

佐之，李观等二十三人进士及第，其中梁肃所荐举的就有八人。应当说，梁肃在这次科举考试中起的作用很大，直接影响到李观的录取。德宗贞元八年（792），李观二十七岁，初登进士第。他以梁肃门生的身份作《上梁补阙荐孟郊崔宏礼书》，向梁肃举荐好友孟郊和崔宏礼二人。文中提到："然观尝以未成名前，高见揄扬，远迩之人，以观为执事门生。然作公门生，当人此言，岂曰易乎？岂曰荡乎？诚敢望耶？诚不敢望耶？"（李元宾 a，1830：卷三，十五—十六叶）梁肃在杜佑辟淮南掌书记时就被召为监察御史，转右补阙、翰林学士、皇太子诸王侍读，故李观称其"梁补阙"。李观对梁肃非常尊敬，充满感激之情，亦有同道之感，在文中他盛赞梁肃："执事方擅名于时，出入两宫。上悦对问，外内公卿，无拟议，无闲言，斯乃前汉贾谊、王褒之徒弗及也。"（李元宾 a，1830：卷三，十五叶）李观无论从学、中举，一路走来，无不受到梁肃的指导。梁肃宗经载道、趋时致用的文学观深深地影响着李观，在文学创作上堪称李观的引路人。李观文末顺便提及的"尝示处分《维摩诘赞》，初若不安，应命乃迟，方今励精，上或可观"（李元宾 a，1830：卷三，十六叶）。文中说命李观做《维摩诘赞》，可从中领略到梁肃对李观文笔的欣赏程度。据胡大浚《梁肃年谱稿（上）》："广德二年甲辰（764），梁肃师事湛然，受天台佛学，与元浩、灵沼等僧徒交游。作《〈维摩经略疏〉序》。"（胡大浚、张春雯，1996：48—51）。梁肃学兼儒释，《大藏经·经略疏》中也有记载梁肃曾作《维摩经略疏序》之事。

二　干谒显宦

除了与科第座主的书信来往以外，李观平日里交往比较多的就是大小官吏。上至宰相，下至未进身的举人，李观都抱着一线希望，希望能遇到助力的贵人。

（一）郎官

奚陟，新旧唐书皆有传。《旧唐书·奚陟传》载："奚陟，字殷卿，亳州人也。祖乾绎，天宝中弋阳郡太守。陟少好读书，登进士第，又登制举文词清丽科，授弘文馆校书，寻拜大理评事。佐入吐蕃使，不行，授左拾遗。丁父母忧，哀毁过礼，亲朋慜之。车驾幸兴元，召拜起居郎、翰林学士。辞以疾病，久不赴职，改太子司议郎。历金部、吏部员外郎、左司郎中，弥纶省闼。又累奉使，皆称旨。"（刘昫，1975：4021—4022）"陟寻以本官知吏部选事，铨综平允，有能名，迁吏部侍郎。所莅之官，时以为称职。"（刘昫，1975：4223）李观曾写《与吏部奚员外书》干谒奚陟，尊称之为"十丈"，声称娘舅与奚陟有古人之情分，期望得到奚陟的垂青和推荐。

陈京，字庆复。《新唐书·独孤及传》载："及喜鉴拔后进，如梁肃、高参、崔元翰、陈京、唐次、齐抗皆师事之。"（欧阳修等，1975：4993）知陈京与梁肃曾同从学于独孤及门下。《新唐书·陈京传》载："贞元七年……京以考功员外郎又言……"（欧阳修等，1975：5713）《与膳部陈员外书》是二十五岁的李观于德宗贞元六年（790）写的干谒文，陈京时任膳部员外郎。文章就朝廷选人以辞赋和声称为标准进行评论，提出"轨度之外"和"声称之遗"，亦有"良材茂器"，实为李观自身影射，希望借此引起陈员外对他的注意。

贾耽，字敦诗，沧州南皮人。生于唐玄宗开元十八年（730），卒于顺宗永贞元年（805）。《全唐诗》卷二百五十八称其"自大历至贞元，三为节镇，征拜右仆射，同中书门下平章事"（彭定求等，1999：2872）。《新唐书》卷一六二表第二和卷一六六列传第九一载：贞元九年（793），贾耽以尚书右仆射同中书门下平章事。《旧唐书·赵憬传》："时宰相贾耽、卢迈与憬三人。"（刘昫，1975：3779）《新唐书·陆贽传》："当是时，贾耽、卢迈、赵憬同辅政，凡有司关白，三人者更相顾不肯判。"（欧阳修等，1975：4911）《唐会要》"举贤"条："贞元九年七月，诏宰相以旬秉笔决事。初，至德中，宰相迭秉笔处断，每十日一易。及贾耽、赵憬、陆贽、卢迈同平章政事，百僚有司问白，相让不言。"（王溥，1955：922）《上贾仆射书》和《安边书上宰相》是李观德宗贞元九年（793）二十八岁时由乡还京后所作，就边防穷兵黩武的问题与贾耽进行探讨，陈述自己的政治改革方案。

（二）地方官吏、名士

独孤汜，河南洛阳人，独孤及之兄，贞元初年左右出任睦州刺史。德宗建中四年（783），李观十八岁以乡贡进士荐后，未能赴举，仍居江东吴地，修书《与睦州独孤使君书论朱利见》，申诉朱利见的无辜遭遇，期望使君能对朱生扶危持倾。同时，他阐明自己有师古、复古、行古之风。独孤汜阅览此文后，连连称奇，对李观颇为欣赏，曾亲自召见，视为知己。李观在干谒张宇侍御再论朱利见一事时，曾在文中叙述此事："尔时，独孤公尺书见召，知己相遇，缓蹑珠履，偕升兰堂。饱之以嘉肴，醉之以芳醑。特赏才调，且怜义声。仍谓观曰：‘见足下高作，奇之又奇。良深腼面，敢不从命?’”（李元宾 a，1830：卷四，十二叶）

房孺复，河南人。《全唐诗》卷二百七十二载：“房孺复，琯之子，七岁即解缀文，历官杭、辰两州刺史，容州经略使。”（彭定求等，1999：3054）《上杭州房使君书》是李观德宗贞元元年（785）二十岁时的干谒文，文中盛赞房使君“出使君之境，谁获小康？非使君之民，罕沾大赉”（李元宾 a，1830：卷四，八叶）。李观认为，房使君屈身下僚，大材小用，日后必将大有作为。

韦夏卿，字云客。《新唐书·韦夏卿传》：“少邃于学，善文辞。”（欧阳修等，1975：4995）“夏卿性通简，好古，有远韵，谈说多闻”。（欧阳修等，1975：4996）《旧唐书·韦夏卿传》：“出为常州刺史。夏卿深于儒术，所至招礼通经之士。”（刘昫，1975：4297）《南部新书》称“韦夏卿善知人”（钱易，1985）。据《旧唐书》卷十三：贞元八年（792），“给事中韦夏卿左迁常州刺史，坐交诸窦也”（刘昫，1975：374）。《全唐诗》卷二百七十二也载：“大历中，与弟正卿同举贤良方正高等，授高陵主簿，累迁刑部员外郎，擢给事中，出为常、苏二州刺史。”（彭定求等，1999：3051）《常州军事判官厅壁记》是德宗贞元九年（793），李观为时任常州军事判官的韦夏卿写的厅壁，咏颂韦公。此文在写法上用明、暗两线交织叙写，明写袁德师，暗写韦夏卿。

孟简，新旧唐书皆有传。《旧唐书·孟简传》载：“孟简字几道，平昌人。天后时同州刺史诜之孙。工诗有名。擢进士第，登宏辞科，累官至仓部员外郎。”（刘昫，1975：4257）“简性俊拔尚义，早岁交友先殁者，视其孤，每厚于周恤，议者以为有前辈风。然溺于浮图之教，为儒曹所诮。”（刘昫，1975：4258）《新唐书·孟简传》：“简尤工诗，闻江、淮间。尚节义，与之交者，虽殁，视恤其孤不少衰。”（欧阳修等，1975：4969）李观文陈述其“比见吴中人谈足下，美不容口”。德宗兴元元年（784），李观十九岁时，徒步前去吴中名士孟简家中拜访，一心想与孟简结识，却被孟简称病推脱不见，吃了闭门羹。李观深感受辱，愤懑之情难平，离开时留下书信一封《贻先辈孟简书》。据该文称李观的外祖父任河南行军司马时，曾与孟简有交游。李观有心拜谒孟简先丈人之灵，却无端遭遣，无可奈何，无能为力，只能悻悻而归。

第二节　同辈文人的交谊

李观京城待试期间，除了自身对古文的努力尝试外，还结交了一批致力于古文之业的有识之士，包括韩愈、孟郊、欧阳詹等同道，他们相互切磋，形成了一个小小的古文集团，创作了大量古文作品。他们之间的交游唱和为自身的古文创作打下了良好的基础，扩大了古文在社会上的使用范围，从而引发一场轰轰烈烈的古文运动。从李观贞元初年与文坛人物的交往情况，可以看出李观当年在文坛中具有一定的影响力。另外，除了与从事古文创作的同道之人有交谊外，李观也得到了方外之友的浸润、远方亲人的挂念和身后文儒的怀念。

一　登第同年

韩愈，字退之，生于唐代宗大历三年（768），卒于穆宗长庆四年（824）。河南孟州人，郡望昌黎，世称韩昌黎，有《昌黎先生集》四十一卷存世。李观是韩愈早年的挚友。二人相似之处很多：同生长于安史之乱刚刚平定，生产生活稍有恢复，文学创作处于低潮的大历时期。同韩愈一样，李观毕生致力于古文创作。二人求仕心切，都希望通过科举考试施展自己的文学才华和政治抱负。另外，他们拥有共同的朋友——孟郊。太多相似的境遇让韩、李二人能够成为惺惺相惜的文坛密友。

韩愈和李观结识在二人初入京师待试之时。贞元三年（787），韩愈从安徽宣城到达京师，应礼部进士试。《欧阳生哀辞》有云："贞元三年，余始至京师举进士。"（屈守元、常思春，1996：1490）《祭十二郎文》也载："吾年十九始来京城，其后四年，而归视汝。"（屈守元、常思春，1996：1613）次年，李观紧随其后从吴郡赶往京师赢取功名。李观在《报弟兑书》中开篇写道："六年春，我不利小宗伯，以初誓心不徒还，乃于京师穷居，读书著文，无阙日时。是年冬，复不利见小宗伯。"（李元宾 a，1830：卷五，五叶）由此可见：贞元六年（790），李观已经参加了两次科举考试，均未被录取。由于参加科举考试前必须办理一些考前的手续，比如"纳家状""结款通保"等，还要参加一些干谒活动，所以外地各州郡的举子必须提前进京，为即将到来的科举考试做一些准备工作。李观家居江东，更需提早入京等待。由此判定李观是在贞元五年（789）

或更早，就已经入京。贞元八年（792）韩愈作《瘗砚文》一篇，此文通过悼砚，概括了李观京师求仕的生活。文中自称"昌黎韩愈，其（指李观）友人"，云："陇西李观元宾始从进士贡在京师，或贻之砚。既四年，悲欢穷泰，未尝废其用。凡与之试艺春官，实三年登上第。"（屈守元、常思春，1996：1159）由该年上溯四年即贞元四年（788），李观来到京师，求取功名。贞元五年（789），韩愈曾回宣城探亲，二人交往的机会不多。《唐摭言·知己》载："贞元中，李元宾、韩愈、李绛、崔群同年进士。先是四君子定交久矣，共游梁补阙之门。居三岁，肃未之面，而四贤造肃多矣，靡不偕行。"（王定保，1978：81）四君子为贞元八年（792）进士同年，由"居三岁"推断：韩愈和李观在贞元六年（790）就已共游梁肃门下。所以，二人最晚是在贞元六年（790）已经结识，同为不遇之人的他们为同一个目标客居异乡。贞元七年，李观和韩愈为干谒和行卷奔走忙碌，二人交往不多。

贞元八年（792）二月，陆贽知贡举，梁肃、王础为佐，试《明水赋》《御沟新柳诗》。韩愈和李观同榜登第，登第者有二十三人，时谓"龙虎榜"。李观位居第五名，韩愈是第十三名。《新唐书·欧阳詹传》云："举进士，与韩愈、李观、李绛、崔群、王涯、冯宿、庾承宣联第，皆天下选，时称'龙虎榜'。"（欧阳修等，1975：5787）《故四门助教欧阳詹文集序》亦云："寻而陆相贽知贡举，搜罗天下文章，得士之盛，前无伦比，故君名在榜中。常与君同道而相上下者，有韩侍郎愈、李校书观。泊君并数百岁杰出，人到于今伏之。"（杨遗旗，2012：337）徐松《登科记考》也载：贞元八年，兵部侍郎陆贽知贡举，取进士二十三人。此年，韩愈作诗《北极赠李观》："北极有羁羽，南溟有沉鳞。川源浩浩隔，影响两无因。风云一朝会，变化成一身。谁言道里远，感激疾如神。我年二十五，求友昧其人。哀歌西京市，乃与夫子亲。所尚苟同趋，贤愚岂异伦。方为金石姿，万世无缁磷。无为儿女态，憔悴悲贱贫。"（屈守元、常思春，1996：2）此诗由自身求友甚难衬托出好友李观的难得。由此诗推断：韩愈和李观成为好友当在贞元八年（792）。

进士及第，并不意味着就能做官，还须经过吏部的博学宏辞科的考试，才能取得为官资格。贞元八年（792），李观考中进士后接着参加了博学宏辞科考试，再次高中，被授予太子校书郎一职。同年，韩愈也参加了这次博学宏辞科考试，但是不曾被录取。此年，李观东还拜亲，有

《东还赋》一篇。贞元九年（793），李观从家乡奔赴京师，十一月在苏州至常州的途中，作《常州军事判官厅壁记》云："九年冬，复明袭爵南阳公，……是年十一月，某赴京师，自苏州至常州，会袁生引厅前轩，……乃白府公留为记，……记之年月，在乎记中。"（李元宾a，1830：卷六，四叶）

贞元十年（794），李观长途跋涉回到长安，一病不起。韩愈有诗《重云李观疾赠之》："天行失其度，阴气来干阳。重云闭白日，炎燠成寒凉。小人但咨怨，君子惟忧伤。饮食为减少，身体岂宁康。此志诚足贵，懼非职所当。藜羹尚如此，肉食安可尝。穷冬百草死，幽桂乃芬芳。且况天地间，大运自有常。劝君善饮食，鸾凤本高翔。"（屈守元、常思春，1996：17）由诗意知李观是积忧成疾。此诗感情真挚，对李观的身体状况十分担忧，规劝好友注意饮食，保重身体，宽慰好友病愈后定能有一番作为。此后不久，李观病卒于京师。韩愈为李观作《唐故太子校书李公墓志铭》，对李观从始入京师到病卒期间的行事，作了简练而全面的总结："李观字元宾，其先陇西人也。始来自江之东，年二十四举进士，三年登上第。又举博学宏辞，得太子校书一年，年二十九，客死于京师。"（屈守元、常思春，1996：1214）由此也可印证：李观在贞元五年（789）二十四岁时已做好参加科举考试的准备。三年后即贞元八年（792），李观金榜题名。同年，又中博学宏辞科。韩愈在文中给予李观高度评价，称李观"才高乎当世，而行出乎古人"（屈守元、常思春，1996：1215）。对好友李观的辞世，韩愈发出"已乎元宾，竟何为哉，竟何为哉"（屈守元、常思春，1996：1215）的感慨，痛惜之情，溢于言表。

韩愈与李观结为好友，前后不过三年时间。二人相识也不过五年左右。但由于二人志同道合，从事古文创作，有多次落第的相似经历，又曾经同游古文运动前驱之一梁肃门下，因此，二人结下了深厚的友谊。尤为重要的是，李观的古文风格与韩愈对字句"尚奇"的追求不谋而合。直至李观去世后，韩愈还对他念念不忘，多次在文中提到李观。在《送孟东野序》文中，韩愈说："唐之有天下，陈子昂、苏源明、元结、李白、杜甫、李观，皆以其所能鸣。"（屈守元、常思春，1996：1465）在李观逝世八年之后，韩愈仍将其与李、杜并列，可见韩愈在心目中对李观是极为推重的。另外，在《答李秀才书》中，韩愈有言："愈白：故友李观元宾十年之前示愈《别吴中友人诗》六章，其首章则吾子也，盛有所称引。

元宾行峻洁清，其中狭隘不能包容，于寻常人不肯苟有论说；因究其所以，于是知吾子非庸众人。……元宾既殁，其文益可贵重。思元宾而不见，见元宾之所与者，则如元宾焉。今者辱惠书及文章，观其姓名，元宾之声容怳若相接。读其文辞，见元宾之知人、交道之不污。甚矣，子之心有似于吾元宾也！"（屈守元、常思春，1996：1526）由此可见，对李观的文章和为人，韩愈都极为了解，颇具钦佩之情。李观和韩愈交好，非意气相投、狭隘不能包容的李观就难以接受韩愈为友；非惺惺相惜，韩愈也就不能容忍李观孤僻难容的性格。

李观英年早逝，令人扼腕兴叹。韩愈则在其后的数百年间大放光彩，成为古文运动的领袖人物，被誉为"唐宋八大家"之首。后人对于韩愈与李观，亦有所论及。唐代大顺年间给事中陆希声所作《〈李元宾文集〉序》中认为"始元宾举进士，其文称居退之右。及元宾死，退之之文日益工。"针对"今之言文章，元宾反出退之之下"的情况，反对"元宾早世，其文未极，退之之穷老不休，故能卒擅其名"的说法，提出"文以理为本，而辞质在所尚。元宾尚于辞，故辞胜其质。退之尚于质，故质胜其辞。退之虽穷老不休，终不能为元宾之辞，假使元宾后退之死，亦不能及退之之质"（李元宾 a，1830）的观点。《李元宾文编》四库提要则云："今观其文，大抵雕琢艰深，或格格不能自达其意，殆与刘蜕、孙樵同为一格，而熔炼之功或不及。则不幸早凋，未卒其业之故也。然则当时之论，以较蜕、樵则可，以较于愈则不及。"（李元宾 b，1993）此观点虽与陆希声有悖，却并未抹杀李观的古文成就，称李观："顾当琱章绘句之时，方兢以骈偶斗工巧。而观乃从事古文，以与愈相左右。虽所造不及愈，固非余子所及。"（李元宾 b，1993）

综观李观遗文四十九篇，囊括了古文的碑、赋、记、铭、颂、赞、序、箴、说、志、论等多种体裁，可见李观古文创作实践范围之广。无论记人叙事、说理议论，还是抒情言志，李观的散文都与韩愈的"文以载道""文从字顺"的古文创作主张不谋而合，表现出极强的艺术表现力。其中，李观的《帖经日上侍郎书》中明显地表现出自己的古文思想："上不罔古，下不附今，直以意到为辞，辞讫成章。"①（李元宾 a，1830：卷六，九叶）这种主张与韩愈的"陈言务去""不平则鸣"是基本一致的。

_____

① 见《李元宾文集》陆希声序。

为了追求"不罔古不附今"的创作理念，李观的文章语言直率生硬甚至艰涩，这也是导致他文章流传不广的一个因素。同时，李观的散体文创作尚不能完全摆脱当时盛行的骈体文的影响，文章中常有对偶句式出现，这是李观散体文局限性的表现。但正是这种骈体化的散文或散体化的骈文，显现出古文的雏形，体现出了古文运动早期的创作倾向。从中我们看到了以李观为代表的早期古文家对古文创作所作出的艰苦努力。

李观与韩愈京城待试期间，除了他们自身努力尝试创作古文之外，还结交了一批致力于古文改革的有识之士，包括古文运动先驱梁肃和参与者欧阳詹等。他们相互切磋，形成了颇具规模的古文创作集团。

遗憾的是，李观认识韩愈后不久就英年早逝了，还来不及投入到真正的古文运动中去，只是古文运动早期的一个支持者、参与者和实践者。相对于大名鼎鼎的韩愈来说，李观身后颇为寂寥，很少被世人提起了。但他遗留下来的独具魅力的古文和古文思想，同韩愈一样，将是永恒的。

冯宿，字拱之，浙江婺州东阳人。生于唐代宗大历二年（767），卒于文宗开成元年（836）。冯宿曾历任工、刑、兵三部侍郎，谥号为懿，著有文集四十卷。贞元八年（792）冯宿与李观同中进士，入"龙虎榜"。《旧唐书》《新唐书》皆有传。李观有诗《赠冯宿》，诗云："寒晨上秦原，游子衣飘飘。黑云截万里，猎火从中烧。阴空蒸长烟，杀气独不销。冰交石可裂，风疾山如摇。时无青松心，顾我独不凋。"（李元宾 a，1830：卷五，九叶）表现出二人友谊之深。韩愈有《答冯宿书》和《与冯宿论文书》两文，讲述二人难得的友谊，自比扬雄，谈世人不知其文，鼓励冯宿学习古人，不做俗下文字。

裴度，字中立，河东闻喜人，生于唐代宗永泰元年（765），卒于文宗开成四年（839）。裴度宪宗元和时拜相，封晋国公，世称裴晋公。贞元五年（789）进士，贞元八年（792），李观举进士后，与陆复礼、裴度同中博学宏辞科，随即李观被授予太子校书郎一职。《唐诗纪事》卷四十载："是岁，陆复礼第一，李观、裴度次之。"（王溥，1955）李观有诗《宿裴友书斋》，是他在裴度家中留宿后的观感，诗云："卧君山窗下，山鸟与我言。清风何飕飗，松柏中夜繁。久游失归趣，宿此似故园。林烟横近郊，谿月落古原。稚子不待晓，花间出柴门。"（李元宾 a，1830：卷五，九叶）诗歌情景交融，表现出常年奔波在外的李观在友人的家中体会到了宾至如归的感觉。

二　共鸣同道

孟郊（751—814），字东野，湖州武康人。性格耿介倔强，屡试不第，四十六岁时即唐德宗贞元十二年（796）考中进士，五十岁时授溧阳吏，有《孟东野诗集》十卷传世。由于孟郊、李观、韩愈在文学创作中尚古好奇思想的一致，孟郊成为李、韩二人的忘年之交。李观去世后，孟、韩二人被世人并称为"韩孟诗派"。《新唐书·孟郊传》云："孟郊者，字东野，湖州武康人。少隐嵩山，性介，少谐合。""郊为诗有理致，最为愈所称，然思苦奇涩。李观亦论其诗曰：'高处在古无上，平处下顾二谢'云。"（欧阳修等，1975：5265）《旧唐书·孟郊传》称其"性孤僻寡合"（刘昫，1975：4025）。韩愈评价孟郊之文："东野动惊俗，天葩吐奇芬。"（屈守元、常思春，1996：306），称其"古貌又古心"（屈守元、常思春，1996：7）。李观在《上梁补阙荐孟郊崔宏礼书》文中称"其孟子之文奇，其行贞"（李元宾 a，1830：卷三，十六叶）。《唐摭言·广文》载：孟郊"工古风，诗名播天下，与李观、韩退之为友"（王定保，1978：116）。贞元八年（792），李观初登第之时，孟郊有诗《赠李观》："谁言形影亲，灯灭影去身。谁言鱼水欢，水竭鱼枯鳞。昔为同恨客，今为独笑人。舍予在泥辙，飘迹上云津。卧木易成蠹，弃花难再春。何言对芳景，愁望极萧晨。埋剑谁识气，匣弦日生尘。愿君语高风，为余问苍旻。"（华忱之、喻学才，1995）此年，好友一个个金榜题名，孟郊却名落孙山，失意之外，内心更增添了一份落寞。他郁郁寡欢，整理行装，意欲东归，动身之前，作诗一首《下第东归留别长安知己》，诗云："共照日月影，独为愁思人。岂知鹎鴂鸣，瑶草不得春。一片两片云，千里万里身。云归嵩之阳，身寄江之滨。弃置复何道，梦情吟白蘋。"（华忱之、喻学才，1995：144）同时的作品还有《答韩愈李观别因献张徐州》，此时，孟郊落第东归，因韩李二人之荐，访张建封于徐州，诗云："故人韩与李，逸翰双皎洁。哀我摧折归，赠词纵横设。"（华忱之、喻学才，1995：329）诗作充满抑郁不平之气，一方面倾诉离别的衷肠，另一方面盛赞韩、李二友。韩愈的《孟生诗》应是此诗的酬唱之作，有言："秦吴修且阻，两地无数金。我论徐方牧，好古天下钦。"（屈守元、常思春，1996：7）孟郊此年下第后，入徐州张建封幕府。

贞元九年（793），孟郊再试长安，再落第。自长安徂朔方，自朔方至湖楚，有诗《独宿岘首忆长安故人》，诗云：岘亭当此时，故人不同游。故人在长安，亦可将梦求。

贞元十年（794）秋，孟郊往长安，得知好友李观病逝，悲恸不已。他笃于友谊，曾到过李少府厅去凭吊李观遗留下来的三四个文字，也到过位于距离城门七里之遥的庆义，到李观的坟前去祭奠李观。孟郊作诗《哭李观》《李少府厅吊李元宾遗字》《吊李元宾坟》三首表达对亡友的怀念。《哭李观》全诗如下："志士不得老，多为直气伤。阮公终日哭，寿命固难长。颜子既殂谢，孔门无辉光。文星落奇曜，宝剑摧修铓。常作金应石，忽为宫别商。为尔吊琴瑟，断弦难再张。偏毂不可转，只翼不可翔。清尘无吹嘘，委地难飞扬。此义古所重，此风今已亡。沉痛此丈夫，惊呼彼穹苍。我有出俗韵，劳君疾恶肠。知音既已矣，微言谁能彰。旅葬无高坟，栽松不成行。哀歌动寒日，赠泪沾晨霜。神理本窅窅，今来更茫茫。何以荡悲怀，万事付一觞。"从这篇百余字长诗可以看出，孟郊视李观为知音，自谓失去李观，弦断难张，偏毂难转，只翼难翔，表现出自己形单影只的现状。尤其是"自闻丧元宾，一日八九狂"句，是孟郊惊闻故友李观离世时的最真实的情感表现。不久，孟郊到李观从叔李少府厅，凭吊李观的墨迹，《李少府厅吊李元宾遗字》诗这样写道："零落三四字，忽成千万年。那知冥寞客，不有补亡篇。斜月吊空壁，旅人难独眠。一生能几时，百虑来相煎。戚戚故交泪，幽幽长夜泉。已矣难重言，一言一潸然。"见字如面，孟郊此时情感已不能自抑。随后，他到李观坟前祭拜，作诗《吊李元宾坟》："晓上荒凉原，吊彼冥寞魂。眼咽此时泪，耳栖在日言。寂寂千万年，坟锁孤松根。"泪水模糊了视线，分别时的谆谆告诫如在耳边，眼前看到的却是一抔黄土。孟郊以上关于李元宾的诗句均发自肺腑，诗诗见泪，句句有情。

崔宏礼（766—830），亦作崔弘礼。字从周，博陵人。《新唐书·崔弘礼传》云："崔弘礼，字从周，系出博陵，北齐左仆射怀远六世孙。磊磊有大志，通兵略。……至京师，所善李观病且死，弘礼殚褚为治丧，葬毕乃去。"（欧阳修等，1975：5050）身处困窘依然能够竭尽全力为死去的好友治丧，此举既令人感动，也让人唏嘘不已。难怪，李观在《上梁补阙荐孟郊崔宏礼书》中这样称颂崔宏礼："崔之文，雄健宏深，度中文质。言之他时，必得老成；言之今日，粲然出伦。""其崔子为文，如适所陈，为行则磊落不常，俱非苟取是之人也。"（李元宾a，1830：卷三，十六叶）李观对崔宏礼文章的内容、辞采以及他的道德修养给予高度的赞扬，这并非虚夸之辞。崔宏礼卖马治丧的善举再次印证了李观生前识人有术，是李观赞辞的最好注解。

朱巨源，李观的吴中同乡，亦是李观的忘年之交，于李观西入长安应举之时病逝。惊闻好友离世，李观深感世事无常，他怀着悲恸的心情回顾他与挚友的点滴交往，写出《故人墓铭并序》托乡人带回吴中，以示悼念。从李观所写墓志中可以了解到巨源遭人诽谤入狱之时，李观曾给他送衣送食。文中，李观说："巨源之先，亡吴之遗民，十馀代而臻其身。其节贞，其行敦，始未患时，仁人器之。复无良媒，得谤在缧。予尝衣其寒，食其饥。及明其非，巨源由是相得，而予未敢尸之。"（李元宾 a，1830：卷一，十一叶）可见，李观曾是朱巨源的患难之交，亦是心腹之交。

三　方外之友

刘宏山，道士。李观虽深受儒学影响，但在各种思想都很活跃的大氛围中，李观对道家思想兴趣浓厚。他写的《通儒道说》，针对"古今儒家，多弃黄老"这样的共识，阐明儒道的关系，提出自己的观点：道和德是儒的两臂，仁义礼信则是德的四肢。他认为"老氏标本，孔氏回末，不能尤过者，自中而息"（李元宾 a，1830：卷六，三叶）。李观为道士刘宏山写的《道士刘宏山院壁记》也认为"兹二教者，三界之根柢，群生之雨露"（李元宾 a，1830：卷四，六叶）。基于这样的认识，李观盛称刘道士"老氏间气，性识冲厚，体貌魁岸。弱龄味道，雄节迈古，淮海胜景，无不绵历，内蕴太素，天机不浅，积学所运也，可与董奉抵掌，葛洪拍肩。"（李元宾 a，1830：卷四，四叶）从李观笔下，我们了解到左迁鄱阳守的先相国第五琦对先生"一见而敛衽，再见而倒屣，忘言相契，率意偶合"（李元宾 a，1830：卷四，五叶），故江左连帅路嗣恭也深慕刘道士的法术，对他行方外之礼。

四　远方亲人

李兑，李观之胞弟。《报弟兑书》这封家信把自己西行入京三年的困窘情形告知胞弟李兑，尤其是提到自己遭遇边疆战争时，走投无路绝望之际，在童仆的帮助下脱险的经历，既表达了自己求学求仕的艰难，也强调了自己忍辱负重的目的所在。这里已经超越了一般家书的私语层次，而上升为文人对于读书和写作的领悟。作为兄长，他不忘勉励李兑读书为文，谆谆教导他作文贵在天成，为人千万孝悌，情真意切。李观在信中写道："我书不稀，汝书亦新，异日两至，同慰一身。岂不旨哉！年不甚幼，近学何书？拟应明经，为复有文。明经世传，不可堕也。文贵天成，不可强高也。二事并良，苟一可立，汝择处焉，无乃不修，系书黄耳。依依有遗，千万孝悌，其兄云云。"（李元宾 a，1830：卷五，六—七叶）文中既有倾诉，也有寄托，一位历经千辛万苦的兄长对千里之外胞弟的无限期望跃然纸上，令人为之动容。

李益，字君虞，陇西姑臧人。他常年置身鞍马间，横槊赋诗，多激扬悲愤之作。《旧唐书·李益传》："自负才地，多所凌忽，为众不容"（刘昫，1975：3772）。《新唐书·李益传》："于诗尤所长。贞元末，名与宗人贺相埒。每一篇成，乐工争以赂求取之，被声歌，供奉天子。至《征人》《早行》等篇，天下皆施之图绘。"（欧阳修等，1975：5784）时有太子庶子亦名李益，人恐莫辨，因谓君虞为"文章李益"，以示区别。贞元七年（791），在张献甫幕府任侍御史时与李观相逢。李观《邠宁庆三州节度飨军记》中这样评价李益："宗盟兄侍御史益，有文行忠信，而从朗宁之军，恶群小之日取媚也，故不自书，命观书之。"（李元宾 a，1830：卷五，八叶）

五　身后文儒

李翱（772—836），字习之，陇西成纪人。师从韩愈，为韩门弟子，娶韩愈从兄韩弇之女为妻，有《李文公集》传世。《旧唐书·李翱传》称其"幼勤于儒学，博雅好古，为文尚气质"（刘昫，1975：4205）。李观生前，李翱与他并无交往，李观身后，李翱才看到李观的文章。李翱被李观的文章折服，称李观为"奇士"，能与扬雄并列。李翱《与陆傪书》："李观之文章如此，官止于太子校书，年止于二十九，虽有名于时俗，其卒深知其至者，果谁哉！信乎天地鬼神之无情于善人，而不罚罪也甚矣！为善者将安所归乎？翱书其人，赠于兄；赠于兄，盖思君之知我也。予与观平生不得相往来，及其死也，则见其文，尝谓：使李观若永年，则不远于扬子云矣！书己之文次，忽然若观之文，亦见于君也；故书《苦雨赋》缀于前。当下笔时，复得咏其文，则观也虽不永年，亦不甚远于扬子云矣。"（李翱，1993：29—30）李翱《荐所知于徐州张仆射书》："陇西李观，奇士也，伏闻执事知其贤，将用之未及，而观病死。……观、愈，皆豪杰之士也，如此人，不时出，观自古天下亦有数百年无如其人者焉。"（李翱，1993：32）与其说李翱欣赏李观的文笔，不如说李翱认可李观的文体和文风以及他复古明道的思想主张。

第三节　本章小结

个人在文学道路上的成长以及在文学创作上的成功，需要各方面的协助。桀骜的李观并非一个孤立自闭的个体，在写作的道路上，他并不是一个人在前行，伴随他左右的，有他的恩师梁肃、陆贽等，他的朋友韩愈、孟郊等，他的亲人李兑、李益等，也有以李翱、陆希声等为代表的对他盛赞有加的后继文人。

在文学的创作中，李观一脉相承了梁肃的文道思想，强调文章对社会民生的重要作用。李观在作品中亦反复提到陆贽的宗经思想，认为是创作之本。尚奇求新更是李观与好友韩愈、孟郊文章写作的共识。除此之外，作为"龙虎榜"的成员之一，李观也是韩愈倡导的"陈言务去""文以载道""不平则鸣"等观点的践行者，他的古文更是中唐古文改革前期难能可贵的努力尝试。

以李观为纽带的群体内部之间的交游唱和形成了良好的创作氛围，他们有着彼此接近的文学观，为其后的古文创作打下了坚实的基础，一起为中唐文体文风改革作出了重要贡献，从而催生了一场轰轰烈烈的古文运动。

第五章

《李元宾文集》版本考

李元宾以古文知名当世，存文四十九篇，诗四首。《李元宾文集》今传世本有五卷本和六卷本两个系统。唐朝时有陆希声纂《李观文集》三卷本传世，此为李元宾古文文集最早的辑本，今已不存。本章主要考察明清以来的各个版本，借以探究其版本源流，构拟版本系统。

李元宾爱好古文，热衷古道，是古文运动的最早参与者，有文名于时。韩愈为其作墓志，称李元宾"才高乎当世，而行出乎古人"。陆希声论元宾文"不古不今，卓然自作一体"，四库馆臣称其品题颇当。李元宾一生唯有四首诗歌传世，其文《与吏部奚员外书》中提到过的《放歌行》一首和《与右司赵员外书》文中提到的"并诗三十首"，以及韩愈《答李秀才书》文中提到的"《别吴中友人诗》六章"今皆不可考。其文集的版本流传情形，今人万曼先生的《唐集叙录·李观文集》（万曼，1980：159—161）曾首次予以梳理，然亦仅罗列书目题跋资料，未得其详。

今力图比勘现存《李元宾文集》版本及历代书目著录材料，以时代为先后，梳理出李元宾诗文版本的载录、传抄和刊刻情况，以期展示其版本源流，考见其版本优劣，为下一步深入研究李元宾诗文提供可靠的文献基础。

第一节 版本介绍

文本整理是研究作者生平思想与诗文艺术成就的基础，而版本研究则是文本研究的前提条件。因此，有必要对现存有关《李元宾文集》版本的资料进行排列、对比和分析，了解其传承脉络，从而使文本尽可能地接近其历史原貌。

本文参校的版本共有十九个，包括：作为研究底本的唐人三家集

《李元宾文集》,《中国古籍善本书目》唐五代别集类收集的十六个善本,四库本和丛书集成本。另外,参校《文苑英华》选文十二篇,诗二首和《唐文粹》选文九篇,诗二首。

由于种种原因,今藏吉林大学图书馆的《李元宾文编》三卷外编二卷的清初抄本(第一至四、九至十四叶为清叶树廉抄配)和今藏南京图书馆的《李元宾文集》五卷的清抄本(佚名校并录,清何焯校,清丁丙跋)这两个善本未能搜集到。此外,版本还有粤雅堂刊本六卷和《畿辅丛书》本,由于丛书集成本已参校过二本,故本文参校的版本不包括这两个版本。现将笔者目录所及的版本作如下简单介绍。

一 底本

《李元宾文集》六卷,石研斋藏板,陶士立写,王粹夫刊。嘉庆戊寅秋仲开雕,承唐陆希声序,秦恩复嘉庆戊寅(1818)春二月十五日于享帚精舍作序。元和顾广圻跋。

二 参校诸本

(一)五卷本系统

1. 清华大学藏明抄本

《李元宾文编》三卷外编二卷,明抄本,二本一函。每半页九行,行二十字,无格。书首有唐陆希声序。今藏清华大学图书馆。

2. 汪汝瑮旧藏明抄本

《李元宾文集》五卷,明抄本。每半页九行,行十八字。书首有唐陆希声序。今藏北京大学图书馆。

3. 浙江图书馆藏明抄本

《李元宾文集》三卷①,明抄本。每半页九行,行二十二字,有格。书首有唐陆希声序、《李元宾集》附录和《李元宾墓志》。今藏浙江省图书馆。

4. 上海图书馆藏明抄本

《李元宾文集》三卷②,三册,明抄本。每半页九行,行十九字,有

---

① 编目为三卷,但收文四十四篇,属五卷本系统。
② 编目为三卷,但收文四十三篇,属五卷本系统。

格。今藏上海市图书馆。

5. 明平庵抄本

《李元宾文集》五卷附一卷，明抄本。每半页九行，行十八字，白口，四周单边。今藏中国国家图书馆。

6. 蓝格明抄本

《李元宾文集》五卷，明抄本。每半页八行，行十六字，蓝格，白口，四周双边。今藏中国国家图书馆。

7. 章学诚藏清初抄本

《李元宾文集》五卷，清初抄本。每半页九行，行十八字。书首有唐陆希声序。今藏重庆市图书馆。

8. 四库底本

《李元宾文编》三卷外编二卷，清初抄本，四库底本。每半页九行，行十六字，黑格，白口，四周单边。今藏中国国家图书馆。

9. 四库全书本①

《李元宾文编》三卷外编二卷，两江总督采进本。书首有唐陆希声序。

10. 清西圃蒋氏抄本

《李元宾文集》五卷，清西圃蒋氏抄本，清王贡忱录，清吴翌凤批校。每半页十行，行二十字。书首有唐陆希声序。今藏山东省图书馆。

11. 叶奕校本

《李元宾文编》三卷外编二卷，一册，清抄本。清顾肇声录，清叶奕校。13cm×17cm，每半页九行，行二十字，无框格。有"顾肇声读书记""养拙斋""四明卢氏抱经楼藏书印"藏印。书首有唐陆希声序。书末有叶奕校跋。今藏上海市图书馆。

12. 知不足斋藏本

《李元宾文编》三卷外编二卷，一册，清初抄本。每半页十行，行二十二字，无格。今藏上海市图书馆。

13. 吴氏西斋藏本

《李元宾文编》三卷②，清抄本。每半页十行，行二十二字，黑格，

---

① 四库全书本不在善本之列，故不标注藏书处。

② 编目为三卷，但目录中有外编一卷目录，属五卷本系统。

白口，四周单边。今藏中国国家图书馆。

14. 翁心存校本

《李元宾文集》五卷附一卷，清抄本。清翁心存校，清翁同书跋。每半页十行，行二十字，无格。今藏中国国家图书馆。

（二）六卷本系统

1. 明叶氏赐书楼抄本

《李元宾文集》六卷补遗一卷，明抄本。每半页十行，行二十二字，白口，四周单边。今藏中国国家图书馆。

2. 丛书集成本①

《李元宾文集》六卷，丛书集成初编1855，中华书局1985年北京新一版。书首有唐陆希声序和清秦恩复序。书末有清顾广圻跋和光绪十年甲申六月二十七日王灏跋。

第二节　唐、宋、元时期《李元宾文集》的载录

李观辞世以后，至大顺元年（890），给事中陆希声才有机会将李观遗文整理结集，此为李元宾文集最早的辑本。《唐太子校书〈李观文集〉序》中，陆希声提到文集的来源和目次：

> 自广明丧乱，天下文集略尽。予得元宾文于汉上，惜其或复磨灭，因条次为三编，论其意以冠于首。大顺元年十月五日，给事中陆希声序。

宋仁宗景佑年间编纂的《崇文总目》十一著录有《李观文集》三卷。稍后的《新唐书·艺文志》第五十载：《李观集》三卷，注有"陆希声纂"等字。南渡后，郑樵《通志·艺文略》卷七十载：陆希声纂《李观集》三卷，又一卷。以上目录所载都源自陆希声纂三卷本的本子，故陆希声纂三卷本是后代传抄和刊刻的祖本。

南宋晁公武《郡斋读书志》卷四收有《李观文编》三卷外编二卷，对《李观文编》的源流作了概述："陆希声大顺中编观文为序"，"其后蜀

---

① 丛书集成本为印刷本，存世量很大，故不标注藏书处。

人赵昂又得其《安边书》至《晁错论》一十四首为后集二卷"（晁公武，1988）。《直斋书录解题》称《李元宾集》五卷。文中指出："陆希声得其文二十九篇为之序，庆历中章詧又得十四首于楚人赵昂，通为五卷。"（陈振孙，1987：478）从中我们可以判断两本来源相同。但是晁公武称赵昂为蜀人，陈振孙则称其为楚人，判断两本又非同本。万曼先生根据直斋藏本系章詧于庆历中通为五卷者，判断赵昂的时代在宋仁宗之前。

宋、元之际马端临的《文献通考》卷二百三十二，沿用晁《志》的命名和编卷，录为《李观文编》三卷外集二卷。脱脱等的《宋史·艺文志》第七著录《李观集》五卷。

以上可见宋元刊刻之李元宾文集版本，集名有异，卷数不一。计名有四：《李观文集》《李观集》《李观文编》《李元宾集》；卷数则有三卷、四卷、五卷之分。这说明宋元时期元宾集当有多种版本刊刻流行。然宋元旧椠，仅见著录，未见传本，故李观文集的版本原貌皆不能知。检宋、元文献，李观诗文的载录情况，略可知晓。

李昉等编《文苑英华》，选文十二篇，诗二首，分乐、人事、省试、杂说、纪述、识行、壁记、观、纪事、祭古圣贤、哀吊凡十一类，分别是：《钧天乐赋》《高宗梦得说赋》《通儒道说》《谒夫子庙文》《交难说》《浙西观察判官厅壁记》《道士刘宏山院壁记》《邠宁庆三州节度飨军记》《哀吾丘子文》《吊汉武帝文并序》《吊韩弇没番中文》《常州军事判官厅壁记》。诗：《中和节诏赐公卿尺诗》和《御沟新柳》。《文苑英华》中"集作某"这样的小注是以宋本校宋本的校勘记，反映的是宋本原貌，可从中了解李观诗文在宋代的情况。

姚铉《唐文粹》选文九篇，诗二首。文有：《请修太学书》《吊韩弇没胡中文》《辨曾参不为孔门十哲论》《谒夫子庙文》《周苛碑》《项籍碑铭并序》《邠宁节度飨军记》《上宰相安边书》《八骏图序》。其中卷三十三下《吊韩弇没胡中文》、卷五十一《谒夫子庙文》和卷七十七《邠宁节度飨军记》三篇《文苑英华》已收。文题《吊韩弇没胡中文》，《文苑英华》为《吊韩弇没番中文》；文题《邠宁节度飨军记》，《文苑英华》作《邠宁庆三州节度飨军记》。诗有《宿裴有书斋》和《赠冯宿》两首。

计有功《唐诗纪事》选诗三首，皆见前选。其中的《宿裴友书斋》，《唐文粹》题为《宿裴有书斋》。

综合以上文献载录，宋元时期得见李观诗文原貌的有文十八篇，诗四首。篇幅数量太少，很难反映出《李元宾文集》的原始风貌。

第三节　明代《李元宾文集》的传抄与流传

明代，李元宾文集多以抄本的形式流传。就笔者访书目录所得，文集传世之本，在这个时期有七个版本。这些版本可以分作五卷本和六卷本两个系统，试胪述如下：

一　叶氏赐书楼抄本

《李元宾文集》六卷补遗一卷，一册。每半页十行，行二十二字，白口，四周单边。今藏中国国家图书馆。每页版心有"赐书楼"字样。目录下有"叶氏菉竹堂"圆形印章，是明代前期江苏昆山藏书家叶盛（1420—1474）的藏书章。有陆希声序，序下钤有"铁琴铜剑楼"和"稽瑞楼"印章。各卷按照杂著、杂著、杂著、书、书、书、补遗来编次，共收文四十六篇，诗三首。同为六卷本系统，清代的石研斋刻本则收文四十九篇，诗四首，刻本卷一的《浙西观察判官厅壁记》，在该抄本中位列卷三，"浙西"题为"浙东"。另外，该抄本尚未收录石研斋刻本中的《通儒道说》和《常州军事判官厅壁记》两篇文章。此抄本卷六包含有四篇文章，其中的《帖经日上王侍御书》原阙，只存篇目，另三篇与石研斋刻本的卷五收录的前三篇文章相同。此抄本附录为韩愈所作《李元宾墓志》和《答李秀才书》两篇文章，文末有叶九来跋文，此跋文与瞿镛（1794—1846）编纂的《铁琴铜剑楼藏书目录》所载相同，跋文后有"下学斋书画记"朱文方印。《铁琴铜剑楼藏书目录》所载该抄本的概况是：

> 是集，相传陆希声编者三卷，赵昂编外集二卷。此本不知何人所编，旧为昆山叶九来藏书，每页版心有"赐书楼"三字。叶有手跋曰："《李元宾集》凡五十题而阙其一。他如集中所载《上李令公放歌行》一篇、《赵员外诗》三十首皆无可考，则其所不载而散佚者盖未涯也。尤多舛错，不敢妄为改窜，姑袭钞之以须善本。"（瞿镛，1985）

序文中的叶九来是叶盛的裔孙，名奕苞，字九来，江苏昆山人，所居

"下学斋"，藏书颇富。此本后又经陈揆的稽瑞楼、瞿镛的铁琴铜剑楼精心收藏。陈揆的《稽瑞楼书目》载："《李元宾文集》六卷，旧抄，一册"（陈揆，1985），孙星衍的《平津馆鉴藏记·补遗》载录有《李元宾文集》六卷，补遗一卷。叶德辉在《书林清话》卷十"明以来之钞本"中提到的"唐《李元宾文集》六卷、《补遗》一卷，茧纸钞本"（叶德辉，1957：276）这三个书目中所记录的版本为同一版本。

赐书楼本的异文中，脱漏之处颇多。例如《上梁补阙荐孟郊崔宏礼书》一文中，此本竟有四处脱漏。另外，赐书楼本异文中出现许多倒文，例如："意者以其驽庸不足言也"中之"驽庸"，赐书楼本作"庸驽"；"未遇伯乐"中之"伯乐"，赐书楼本误倒为"乐伯"；"尘埃磨灭"中之"尘埃"，赐书楼本作"埃尘"。此外，赐书楼本的异文中出现了一些近义词，例如："今辄以二子之文布之下风"中之"文"字，赐书楼本作"言"字；"迁民于虏滨"中之"虏"字，赐书楼本作"寇"字；"又窃观与北狄和亲"中之"观"字，赐书楼本作"觇"字。这些异文颇有可取之处。

二 嘉靖本

《李元宾文集》三卷，附录一卷，一册。每半页九行，行二十二字，有格。今藏浙江省图书馆。文集卷首有石研斋刻本卷五诗后所附的李观简介和韩愈为李元宾所作的墓志铭。卷末有嘉靖壬子岁（1552）跋文，曰：

> 近得李元宾文于箧笥中，取而读之，其词雄健磊落，不加斧斤之工。绘藻之饰，庶乎有老成遗风。每感激扬言，如水注东川而不竭，使读之者不知老之将至，岂不谓文明之盛哉？嗟乎！天不假之以年，立朝未久，功业未著，史阙载其事耳。使能穷经皓首，名冠斯时，文超当代，岂不并称于诸公哉？其有不幸者命也。予故惜其德，孤而不鸣，言丧而无传，是以考其素行而冠诸首，以告之世君子知焉。李氏子名观，陇西人，元宾其字云。嘉靖壬子岁季夏望日吉旦。

此本卷首录有陆希声序，卷一包括书类十篇，卷二包括书类八篇、文类五篇，卷三包括杂著二十一篇。书末附录《唐诗纪事》载李元宾诗三首：《赠冯宿》《宿裴友书斋》和《和节诏赐公卿尺诗》。共收文四十四篇，诗三首。此本虽题为三卷，但与陆希声纂三卷本截然不同，从收录诗文情况来看，与五卷本的篇目颇为相近。

此本文字异文多因辗转讹误，以形讹居多，例如"木无绪风"中之"木"字，嘉靖本讹作"水"字；"偕伐寇戎"中之"偕"字，蓝格本作"皆"字，因"背"与"皆"字形相近，嘉靖本讹作"背"字；"君无所短长"中之"短"字，嘉靖本作"知"字。

三 吴玉墀家藏本

《李元宾文集》三卷。明抄本，每半页九行，行十九字，有格。今藏上海市图书馆。此本朱文钤印"二雨草堂现藏"和白文钤印"古董陈氏"，知其曾被吴玉墀收藏，"古董陈氏"不详，待考。吴玉墀为吴焯（1676—1733）次子，字兰陵，号小谷，又号二雨，钱塘人。此本与嘉靖本的篇目排列方式大体相同，也按照书类、书类、杂著编次。与嘉靖本不同的是，第三卷杂著题下详细列出收文的文体：碑、赋、记、铭、颂、赞、序、箴、说、志和论，卷末无诗。

嘉靖本和吴玉墀家藏本两个三卷本，都不同于陆希声所编的三卷本。陈振孙《直斋书录解题》中言陆希声得文是二十九篇，析为三卷，而明嘉靖本收文四十四篇，吴藏本则收文四十三篇，都远远超过三卷本的篇目，接近五卷本的篇目。另外，两个抄本的首篇《上宰相安边书》和末篇《晁错论》，均为赵昂所编篇目。可见两本虽是以三卷本的形式存在，实际上属于五卷本系统，编排时打乱了陆希声、赵昂所编三卷外编二卷本中文章的排序。再用两本与其他版本比勘，异文颇多。例如《谒夫子庙文》中"正辞为絜，执絜为奠"的"絜"字，两本均作"潔"；"小子忡忡慄慄"的"忡忡"，两本均作"冲冲"，其他版本多写作"悚悚"；《贻先辈孟简书》中"岂其然乎？仆踌躇愀然，顷乃能去"一句，两版本"然乎仆踌躇愀然，顷乃能去"八字被"离棺宴逸傲已轻人哉"九字替代，其他版本均与之不同。但是，两版本与五卷本的收文还是有些出入，两版本卷二"文类"均收录有《吊汉武帝文》；卷三均收有《高宗梦得说赋》和《钧天乐赋》两篇文章，其他五卷本却都未收录以上三篇文章。由此判断，此两本有自己独立的体系，与明清的其他五卷本抄本也不相同。

由于吴玉墀家藏本与嘉靖本两个三卷本有自己独立的体系，因此，在异文的选择上，吴玉墀家藏本同嘉靖本一样，以形讹居多。例如："与亡国之臣同"中之"亡"字，吴玉墀家藏本作"七"；"伐鼓为雷"中之"伐"字，吴玉墀家藏本作"代"；"惜昔兵微用卑"中之"昔"字，吴玉墀家藏本则讹作"晋"字。

四 明平庵抄本

《李元宾文集》五卷附一卷，二册。每半页九行，行十八字，白口，四周单边。今藏中国国家图书馆。收文凡四十一篇，有诗附后。平庵，为明末清初泉州晋江人林欲楫（1576—1662）之别号。此本文集序下有"曹溶之印"，卷第一题下钤有"白堤钱听默经眼""檇李曹氏"朱文圆印，以及"梅谷掌书画史沈采虹屏印记"印章。"白堤钱听默经眼"为钱时霁藏书印。钱时霁，清白堤人，号听默，寓苏州。"曹溶之印"和"檇李曹氏"为藏书家曹溶（1613—1685）藏书印。陆烜（1761—?），清藏书家，字子章，一字梅谷，清平湖人，著有《梅谷掌书画史》，其妾名沈采，字虹屏，沈虹屏亦喜藏书，尝题跋书端，有"梅谷掌书画史沈采虹屏印记"。书中《周苛碑》和《上房使君书》两处曾与"秦本"比勘，言"秦本"有脱文。此"秦本"不知系何人所有，尚待考。

此本的异文虽然不少，但是独具特色的异文并不多见，常与大多数版本的异文相同。

五 天佑堂本

《李元宾文编》三卷外编二卷，二册一函，蓝匣，明抄本，每半页九行，行二十字，无格。今藏清华大学图书馆。每页有"天佑堂"钤记。此本前三卷按照杂著、杂著、书编次，后二卷则没有分类。前三卷收文二十九篇，外编二卷有文十四篇，《帖经日上王侍御书》只存篇目，是最接近《郡斋读书志》中收录的《李观文编》的原貌的明抄五卷本。但外编下题为"天水赵昂编"而非《郡斋读书志》所言蜀人赵昂，又与郡志有别。

其后有三个清抄本：知不足斋藏本、清黑格抄本、叶奕校跋本均抄为"天水赵昂编"，且均有《代人上韦使君书》一篇，而此篇篇名在其他版本中则为《代彝上苏州韦使君书》。另外，天佑堂本和其他的三个清抄本这四个版本的《伤王将军文》，其他五卷本也都题作《泾州王将军文》。另外，天佑堂本遇"校"字，为避明熹宗朱由校（1621—1627）之讳，改"校"字为"御名"，三个清抄本均照抄不变。由此判断，此四本源自同一版本。

此本的异文中，以形讹居多，例如："枝筑颓址"中之"址"字，此本作"扯"字；"垦硗确以植灵草"中之"硗"字，此本作"陇"字；"累受郡荐"中之"郡"字，此本作"群"字。后两例为音似形讹。

六 汪汝瑮家藏本

《李元宾文集》五卷，一册一函，明抄本，四库采进本。每半页九行，行十八字，无框格，朱红笔圈点。今藏北京大学图书馆。北大鉴定为四库底本。文集卷首有"乾隆三十八年十一月浙江巡抚三宝送到汪汝瑮家藏李元宾文集一部计书一本"。卷第一题下钤有"马仲子蓍斋""沈口私印""真吾阁藏书"，有诗附，附录后钤有"吾匏书堂"印章。沈荣，号吾匏，平湖人。马思赞（1669—1722），别号马仲子，性喜藏书，拥书万卷。此本《项籍碑铭》中的"抵秦关……良马在御美人在"与《李元宾文集序》中的"能为元宾之辞，假使元宾……所长如此得"一段错简。共收文四十一篇，书后有诗四首和石研斋卷五后附录李观简介，与石研斋刻本前五卷收文、编卷完全一致。

此本与明平庵抄本一样，特色性异文比较少见。在数量有限的特色异文当中，两本相同之处颇多，例如："晋文公不疑五臣"中之"晋"字，二本均作"齐"字；"旁目不庭而叱九军"中的"叱"字，两本均作"此"字。

七 明蓝格抄本

《李元宾文集》五卷，一册。每半页八行，行十六字，蓝格，白口，四周双边。今藏中国国家图书馆。此书字体粗犷有力，与别本不同，但无法考证系何人所抄。按照杂著、杂著、书、书、书依次编卷，无诗，共收文四十四篇，其中《帖经日上王侍御书》只存篇目。此书卷五有《辨曾参不为十哲论》和《晁错论》两篇文章，《辨曾参不为十哲论》标明见《唐文粹》，可见此本曾参校过《唐文粹》。

此本的异文以音讹居多，例如："昔夷吾九合之策"中之"吾"字，明蓝格抄本讹作"吴"字；"茹菜郊墟"中之"茹"字，明蓝格抄本作"如"字；"尝见此生见说"中之"此"字，明蓝格抄本作"死"字。

综上所述，七个明抄本分为五卷系和六卷系两个系统。明叶氏赐书楼抄本为六卷本，实源自《郡斋》载《李观文编》三卷外编二卷。五卷本系统相对复杂：嘉靖本和吴玉墀家藏本是三卷本形式的五卷本；明蓝格抄本和天佑堂本直接沿袭《郡斋》载《李观文编》三卷外编二卷，但与其他本参校过——明蓝格抄本吸收了《唐文粹》的《辨曾参不为十哲论》，天佑堂本后二卷则称"天水赵昂编"；明平庵抄本和汪汝瑮家藏本也出自《郡斋》载《李观文编》三卷外编二卷，但本属赵昂所编的外编中的《晁错论》和《上王侍御书》两篇都已亡佚。

第四节 清代以来《李元宾文集》的传抄与刊刻

有清一代，李元宾文集也多以抄本的形式流传，有五卷本和六卷本两个系统。下面介绍其详细的情况。

一 知不足斋藏本

《李元宾文编》三卷外编二卷，一册。清初抄本，每半页十行，行二十二字，无框格。现藏上海市图书馆。此本封面钤有"华阳高氏苍茫斋考藏金石书籍记"朱文长方印，首页钤有"高氏华阳国本秘笈子孙宝之"朱文长方印，序下钤有"知不足斋藏书""桐城萧氏敬孚藏书""萧穆印记""吴兴刘氏嘉业堂藏""高世异图书印""苍茫斋印"等印章，卷一题下还有"歙鲍氏知不足斋藏书""华阳国本藏书""高氏校阅精善抄本印"印记。书末有"苍茫斋所藏抄本"白文方印和"华阳高氏藏书子孙保之"朱文方印。由以上藏书家印记知此本先后经鲍廷博、萧穆和刘承干和高世异收藏。鲍廷博（1728—1814），祖居安徽歙县邑西之长塘，名其室为"知不足斋"。萧穆，字敬孚，安徽桐城人。刘承干因1914年曾资助修缮光绪陵墓，宣统赐以"钦若嘉业"匾额，故名其堂为"嘉业堂"。高世异，华阳人，家藏甚富，藏书印累累。在此期间，多部书目对此版本都有著录，如钱曾（1629—1701）的《读书敏求记》著录：

> 《李观文编》三卷，《外编》二卷。大顺元年，陆希声得元宾文于汉上，条次为三卷，为序以冠其首。后天水赵昂又辑遗文二卷为外编。

钱塘丁丙（1832—1899）《善本书室藏书志》二十五著有一旧抄本，五卷：

> 题《李元宾文集》五卷，鲍氏知不足斋抄本，陈鳣仲鱼校藏，缺《上王侍御书》一篇，末有东里卢文弨跋。

卢文弨（1717—1796）人称抱经先生，所著《抱经堂文集》收有《李元宾文集跋（丁酉）》曰：

> 书凡五卷，前三卷二十又九篇，陆希声之所序录也，后二卷十有四篇，赵昂之所增成也。篇第部居无所改作，其末二篇俄空焉。当烦辱之地，其脱烂有由矣。

此本前三卷按照杂著、杂著、书编次，共收文四十三篇，其中《帖经日上王侍御书》缺。此本与天佑堂本卷帙完全相同，且在外编目录题下抄有"天水赵昂编"，应出自天佑堂本。

知不足斋本的异文当中，有多处衍文，例如："使乱不得长"中的"长"后，知不足斋本衍出一"使"字；"何小子之窃叹焉"中的"之"后，知不足斋本衍出一"所"字；"斯可以敬矣"中的"可"后，知不足斋本衍出一"谓"字。

二　清黑格抄本

《李元宾文编》三卷。清抄本，每半页十行，行二十二字，黑格，白口，四周单边。现藏中国国家图书馆。每页版心有"朱氏家藏文集"六字，疑为朱彝尊（1629—1709）所藏。另有"吴氏西斋"藏印一枚，吴西斋为吴伟业（1609—1672）之子。此书收文二十七篇，外编一卷只存目录而无正文，断定此本非三卷系抄本。此本与知不足斋本行款相同，前三卷卷首题下抄有"太子校书郎陇西李观"，外编目录题下抄有"天水赵昂编"。前文曾提到天佑堂本、知不足斋藏本、清黑格抄本、叶奕校跋本同源，但具体到异文还有差异，比如《周穆王八骏图》中"騕褭"一词，在知不足斋藏本与清黑格抄本中抄作"腰袅"，在天佑堂本和叶奕校跋本照抄不变。《说新雨》中"狂电"一词，天佑堂本和叶奕校跋本抄为"柱电"，知不足斋藏本与清黑格抄本则抄作"枉电"。《故人墓铭并序》文中的"倏乎"一词，知不足斋藏本与清黑格抄本中抄作"忽闷"，天佑堂本和叶奕校跋本抄为"倏闷"。由此判断，此本概为五卷本知不足斋藏本残卷。

另外，知不足斋本和黑格本在异文的选择使用方面，以音讹字居多。例如："大人贬食"中之"食"字，两本作"石"字；"缀旒高视"中之"旒"字，两本作"流"字；"怡怡自安"中之"安"字，两本皆作"然"字。从两本的异文选择上也可看出黑格本和知不足斋本有着密切的联系。

三 叶树廉配抄本

《李元宾文编》三卷外编二卷，笔者未见。清初抄本。其中第一至四、九至十四页为清叶树廉抄配。现藏于吉林大学图书馆。叶树廉，清藏书家，字石君，吴县人。与孙潜极友善，常互相抄录图书。孙潜曾珍藏四库底本，由此猜想叶抄配本与四库底本大概会有某些联系。下文要谈到的叶奕校跋本曾与叶石君本参校，则知此本在叶奕校跋本之前或同时。

四 叶奕校跋本

《李元宾文编》三卷外编二卷，三册。清顾肇声录，叶奕校跋。每半页九行，行二十字，无框格。现藏上海市图书馆。藏印有"顾肇声读书记""养拙斋""四明卢氏抱经楼藏书印""善耕顾氏""林宗"。书末有叶奕跋，叶跋前照录孱守居士冯舒跋。顾肇声的藏书处在善耕桥。"林宗"为叶奕的字。冯舒（1593—约1645），明末藏书家，自号孱守居士，江苏常熟人。卢址，清藏书家，浙江鄞县人，有藏书印"四明卢氏抱经楼藏书印"。1916年，抱经楼旧藏五万余卷以5万元之价售于上海书肆"古书流通处"，旋散入江浙各地藏书家。据王欣夫《藏书纪事诗补正》称，多归吴兴刘氏嘉业堂。文集序有校文"卒能叶石君本作能卒"，可见曾与叶石君本相校。书末有跋：

> 天启丙寅得于郡之杨氏，抄写讹缺，几不可读。是年秋借牧斋所藏校之。牧斋本云得之钱功甫，然亦不能精也。丁卯春谷雨日复命友人重录因校毕偶识。

崇祯庚午彦□又借得秦季公抄本来，予因投老子忙不及卒业，伟节为予对讫，其归予札云乙者字有多少也，傍注名字之异全也。此书予始得之杨氏，即此本是，注在卷首则钱本也，今伟节所校刻在中间矣。七月二日屏守居士识。

书末另有叶奕跋曰：

崇祯三年庚午十月二十五日夕，读完，校处悉从冯本。冯跋尾云："天启丙寅，得于郡之杨氏，其年秋借牧斋藏本校，今年又得秦季公抄本校。"余于是并录之云。震泽叶奕记。

郡之杨氏，大概是吴县的杨循吉，字君卿，一作君谦。钱允治（1541—?），字功甫，钱谷之子。钱谦益（1582—1664），号牧斋，江苏常熟人。所撰《绛云楼书目》卷三"唐文集类"收有《李元宾集》。由跋文得之，天启丙寅（1626），冯舒从杨氏处得到该本，同年秋从钱谦益处借得藏本（来自钱功甫）相校，崇祯庚午（1630）又借得秦季公抄本相校，七月校毕。十月，叶奕再校一遍。顾肇声抄录，后由卢址收藏于"抱经堂"中。此本前三卷按照杂著、杂著、书编次。与天佑堂本行款、收文均同，每篇篇名也都相同，如：《伤王将军文》，不同于其他版本的《泾州王将军文》。另，外编卷一下也题有"天水赵昂编"，与天佑堂本同。

由于叶奕校跋本参校过若干版本，因此不少文字的校订不乏可取之处，具有极高的参考价值。

五　四库底本

《李元宾文编》三卷外编二卷本，一册。清初抄本，每半页九行，行十六字，黑格，白口，四周单边。现藏中国国家图书馆。文集首钤有"官善文章""孙潜之印""南叶""邢氏藏善本""邢之襄印"。孙潜，清初藏书家，字潜夫，吴县人，藏书印有"孙潜之印"等，与叶树廉友善并互相抄录图书。叶得辉，湖南长沙人，与傅增湘有"北傅南叶"之称。此书后为邢之襄收藏，最终由邢氏捐赠给中国国家图书馆。前三卷按照杂著、杂著为次编目，外编卷一无总目，外编卷二以书为总目，无诗。由于北京大学鉴定汪汝瑮家藏本为四库底本，现比勘四库底本、四库本和汪汝瑮家藏本，可以发现此本和四库本相似之处很多，与汪汝瑮家藏本则有多处不同。如《郊天颂》中寂寞的"寞"字，此本与四库本都作"莫"。《斩白蛇剑赞》中，汪汝瑮家藏本"其天成乎"的"成"，此本与四库本均写作"盛"字。此本与四库本中"升赤龙于云"的"龙"，汪汝瑮家藏本却写作"隆"。此本与四库本《项籍碑铭》中"粲乎简书"的"书"下有异文"亦作册"，汪汝瑮家藏本中却没有。另，校文中两次提到"钱本"，该钱本待考。

六　文渊阁《四库全书》本《李元宾文编》

此本为五卷本。该本在《四库全书》"集部·别集类"。四库本，系两江总督采进本。每半页八行，行二十一字。据《李元宾文编》总目提要：

> 是集，前三卷为大顺元年给事中陆希声所编，希声自为之序，后为《外编》二卷，题曰蜀人赵昂编。希声后至宰相，昂则未详其仕履。晁公武《读书志》称昂所编凡十四篇，此本阙《帖经日上王侍御书》一篇，又时时有阙句阙字，盖辗转传写，脱佚久矣。（李元宾 b，1993）

从异文的角度来讲，四库本和四库底本有许多不同于其他版本的异文，颇具校勘参考价值，例如："羊与袁唱声荐元叔于王庭"中之"庭"字，两本皆作"廷"字；"是用尔资之"中之"尔"字，两本皆作"女"字；"尚有彼妇之歌"中之"妇"字，两本皆作"媌"字。

七　章学诚珍藏本

《李元宾文集》五卷，无诗附。三册，清初抄本，红笔圈点，校勘甚详。每半页九行，行十八字。现藏重庆市图书馆。文集首钤有"会稽章氏藏书"朱文方印和"章实斋印"，文集卷第一题下钤有"实斋平生珍藏"。章学诚（1738—1801），字实斋，浙江会稽人。章藏本与汪汝瑮家藏本行款相同，收文也一致，都为四十一篇，汪汝瑮家藏本卷五后比章藏本多收诗四首。章学诚珍藏本原抄本误抄之处，均有校文。其存疑之处，也有详细校文析出。

此本讹误之处颇多，有形讹，如："始乎高皇勤功"中之"勤"字，章藏本作"勒"字；"解殷之罗"中之"殷"字，章藏本作"毁"；"其繫厚矣"中之"繫"字，章藏本作"繁"字。

有音讹，例如："尝用种之谋若有之"中之"尝"字，章藏本作"常"；"夫四极之裔"中之"裔"字，章藏本作"夷"字；"戎丑残摧"中之"摧"字，章藏本作"催"。

有脱漏，如："妄亦斯竞"中之"亦"字，章藏本脱；"所以履于百行者也"中之"也"字，章藏本脱；"源无清流"中之"源"字，章藏本脱。

有衍文，例如："谓之死"中之"死"后，章藏本衍"岂复还期"四字；"故申愚浅"中之"申"后，章藏本衍一"其"字。

有倒文，例如："其有所不合者乎"中之"有所"，章藏本作"所有"；"谓可以取天下之名"中之"可以"，章藏本作"以可"。

由于经过章学诚的细致校勘，此本虽有多处错讹，仍不失为校勘的重要参考。

八　翁心存校本

五卷附一卷，一册。清翁心存校，翁同书跋。每半页十行，行二十字。现藏中国国家图书馆。卷首有《李元宾文编》四库提要，后有"元宾集未录今见《全唐文》中共八篇，应增为续录：《高宗梦得说赋》《钧天赋》《常州军事判官厅壁记》《晁错论》《辨曾参不为孔门十哲论》《述行》《吊汉武帝文》《祭伏波文》《帖经日上王侍御书》《通儒道说》"诸字。文集序下钤有"大兴朱氏竹君藏书之印""子宣""重光"。子宣为蒋重光（1708—1768）的字。朱筠（1729—1781），字竹君，顺天大兴人，"大兴朱氏竹君藏书之印"是其藏书印。由藏书印知此本乾隆年间藏于蒋重光、朱筠处。翁心存咸丰丁巳（1857）校临过，同年，翁同书跋曰：

> 江都秦敦夫先生刻书数种，《李元宾文集》其一也，此其底本。元和顾涧苹为之校正，观其辨别疑误处，则知其有学矣，同时黄荛圃远弗逮也。咸丰七年五月八日记于扬州城南蒋王庙军营翁同书。

　　　　维扬被兵之后，故书杂记散掷市上，有甘肃督标骑卒陈锦者见旧
抄精椠辄能识别，有学士大夫所弗逮者，先后为予购得……此册亦其
所得也。同书志。

　　由此可知，此本为甘肃督标骑卒陈锦为翁同书从书市中购得，是秦恩
复刻本的底本。秦刻本后有顾广圻《书新刊〈李元宾文集〉跋》提到的
家藏旧抄本《李元宾集》五卷，也是指的此本。此本卷五后题有："元和
顾广圻校过。咸丰丁巳初冬常熟翁心存临，时年六十有七。"顾广圻
（1770—1839）字千里，号涧苹，元和人。翁心存（1791—1862），江苏
常熟人。比勘两本，行款相同，翁本收文与石研斋刻本前五卷完全一致。
石研斋本与原抄本有很大出入，乃知石研斋刻本的底本是校抄本而非原
抄本。

　　审书中校文，知与《文苑英华》《唐文粹》比勘参校，但只列出抄本
中未收文章题名，没有收录原文。此本与平庵抄本收文、分卷如出一辙。
比勘二本，翁临本的原抄本和平庵抄本两本与石研斋刻本颇多相似异文，
如《上陆相公》一文，石研斋刻本"师道得训于门人"的"训"和"愚
不能肤然"的"肤"二字，翁本和平庵抄本均为"词"和"庸"，石研
斋刻本"忠毅信宜"下"生死"一处，均为"死生"，且二本在"胡敢
空言滥"与"谳左右"之间均有衍文"以"字。故判断翁心存临的是平
庵抄本。

　　此本异文以异体字居多，例如："或文得泛滥"中之"泛"字，此本
作"汎"字；"然颇常思古今治乱"中之"乱"字，翁心存校本作
"乿"字。

九　何焯校本

　　《李元宾文集》五卷本。笔者未见。佚名校并录，清何焯校，清丁丙
跋。今藏南京市图书馆。何焯（1661—1722），字屺瞻，号义门，江苏长
洲人。丁丙（1832—1899），字嘉鱼，浙江钱塘人。丁丙《善本书室藏书
志》二十五著有此五卷旧抄本的概况：

　　　　题《李元宾文编》五卷，为无名氏校抄本，缺《上王侍御书》
一篇。紫笔云：《辨曾参不为孔门十哲论》，见《文萃》三十五卷，

此本无之。并补录《晁错论》一篇，余则校补甚多。又墨笔云："嘉庆丁卯正月九日以何义门校本勘校讫。又有朱笔校改者，皆不署姓名也。"（丁丙，1987）

由此知佚名于嘉庆丁卯（1807）将何焯校本再次勘校过。

十 石研斋《唐人三家集》本

《骆宾王集》《吕衡州集》和《李元宾集》，统称为《唐人三家集》。其中的《李元宾文集》编为六卷，顾广圻代秦恩复校刻，嘉庆岁次戊寅（1818）春二月十五日江都秦恩复识云：

> 世经兵燹，遗文零落，陆希声得其文二十九篇，析为三卷，序而传之。宋庆历中章訦又得十四篇于蜀人赵昂，通为五卷，并诗四首，《上王侍御书》《晁错论》二篇旧阙，自宋以来著录者仅此而已。嘉庆岁次乙亥（1815）膺校勘唐文之后，分得《李元宾集》，爰取《唐文萃》《文苑英华》诸书，是正文字，于五卷之外，又得六篇及赵昂所阙二篇，合之为卷凡六，共得文四十九篇，于是元宾之文衰然大备。

元和顾广圻书后云：

> 秦澹生太史刊家藏旧抄本《李元宾》集，合陆希声、赵昂所编，凡五卷，并取《唐文萃》《文苑英华》等所有而两家失载者，为续编一卷附其末，既墨于板，属加覆勘，为卒业而叹太史之善于流传古书也。盖旧抄字句每与《英华》所注"集作"吻合，洵称善本，而续编亦全据"集作"，俾存其真。又于相传有误，如云第五伦《灵台》中以章怀所引《三辅决录》注证之，实伦少子颉事，不复易伦为颉。恐此等乃元宾本文，转因更正，而有臆改之嫌也。

秦恩复（1760—1843），字敦夫，号澹生，江都人。此本每半页十一行，行二十字。前三卷共文二十九篇，仍保留陆希声本原编次。卷四卷五为《外编》，文十二篇，另附诗四首，而赵昂原编中《帖经日上侍郎书》及《晁错论》，则与《辨曾参不为孔门十哲论》等六首，合为《补编》，即据《唐文粹》《文苑英华》诸书掇补者。

十一 西圃蒋氏抄本

《李元宾文集》五卷本，一册。清西圃蒋氏抄本，王贡忱录，清吴翌凤批校。每半页十行，行二十字。今藏山东省图书馆。文集首页钤有"西圃蒋氏手校钞本"，盖其钞校乃出自蒋继臣之手。书末有"济南王氏""止适斋藏书"印章和止适斋主人从海源阁藏本摘录的不同时期的跋文，从中可见此抄本辗转流传的大致情况，跋文如下：

> 《李元宾集》五卷，予于崇祯年间得之肆中，久涸乱秩，未加点校，忽忽二十年矣。顷曝书检及，惧或散佚，为手录一通，共五卷。《上王侍御书》及《晁错论》二篇前本原阙，姑仍之。候防别本补。于庚子重阳前一日，耿庵金俊明记。
>
> 余既假青芝堂本录出，复从卢省斋得金孝章本用以校勘，其阙处亦同也。己亥小春廿日，枚庵吴翌凤书。明年复取英华文粹中所有者校勘一过。枚庵漫士。
>
> 右书跋即从杨氏海源阁藏本录出者，既穷两日之力，校勘此本，而原书又必须如期奉还，刀并其书中所有题跋照录于此，以资纪念之尔。余校此书省称金本吴本，间以英粹二字代《文苑英华》《唐文萃》两书。济南王氏止适斋主人识。

金俊明（1602—1675），字孝章，号耿庵。吴翌凤（1742—1819），号枚庵，安徽休宁人，侨居吴郡。王贡忱即济南王氏止适斋主人。王士禛（1634—1711），原名士禛，字子真，号阮亭，又号渔洋山人。新城人，常自称济南人。王士禛《池北偶谈》记载有：

> 《李元宾集》，唐李观元宾，文集五卷，附诗四篇，始《郊天颂》，终《邠宁庆节度缞军记》。凡杂文五十篇，诸碑铭亦有奇处。

卷一末有朱笔校文：

> 右依吴本据《文苑英华》详校，口照录其墨笔，则与此本无殊。

下两首同，可见此本与金本、吴本及文萃均无甚出入，且知此本尚在吴本之前，当与金本同时或更先之也。

《通儒道说》《高宗梦得说赋》《钧天乐赋》《帖经日上侍郎书》四篇文章后有校文：

粤雅本有此四首。

分析以上跋文、校文，可以得知蒋氏抄本比吴本早，与金本同时或更早。由庚子年（1660）上推二十年，得知金本由金俊明 1640 年左右从书肆购得。已亥年（1779），吴翌凤从卢省斋借得金本与手录本进行校对，阙处相同。1880 年，又与《文苑英华》《唐文粹》比勘。又据文中校文多与吴本相校，乃知济南王氏藏本是从海源阁借出蒋氏抄本抄录，又与吴本比勘，参校粤雅本而成。从收文篇目来看，与六卷本相近，又与六卷本有别。缺《上王侍御书》和《晁错论》两篇文章，这与明平庵抄本和汪汝瑮家藏本两个五卷本相同。

此本异文，有自己的独特之处，例如："城无用之夷"中之"夷"字，西圃蒋氏本作"邑"；"陇西李氏子观"中，"观"后，西圃蒋氏本有一"曰"字；"小子忡忡慄慄"中之"慄慄"，唯独西圃蒋氏本作"慓慓"。以上异文，放在文句中都可以讲得通，因而具有极高的校勘价值。

十二　《丛书集成初编》《李元宾文集》

此本为六卷本。初编是 1855 年的《李元宾文集》排印本，中华书局 1985 年出版发行，畿辅丛书和粤雅堂丛书皆收有此书，因清光绪五年（1879）定州王氏谦德堂畿辅本取粤雅堂本校订，该书据畿辅本排印。书末有跋语两则。其一为元和顾广圻跋，其二为清光绪十年甲申王灏跋。文中交代了文集经秦恩复辑成六卷后，又与清咸丰四年（1854）南海伍氏粤雅堂刻本比校，最终形成较为完备的《李元宾文集》六卷本。

总之，清代以来，除石研斋刻本和《丛书集成》本属六卷系外，其余诸本皆属于五卷本系统。其中的知不足斋藏本、清黑格抄本、叶奕校跋本与明代的天佑堂本同源。这三个清抄本中的叶奕校跋本曾与叶树廉配抄本参校。顾广圻所提家藏旧抄本为翁心存校本，是石研斋刻本的底本，而翁心存采用的底本是明平庵抄本。明平庵抄本则与汪汝瑮家藏本存在相当多的别本少见特色异文，西圃蒋氏抄本在收文篇目上独缺少《上王侍御书》和《晁错论》两篇文章，这又与明平庵抄本和汪汝瑮家藏本两个五卷本相同。吴玉墀家藏本与嘉靖本两个三卷本有自己独立的体系，虽是以三卷本的形式存在，实际上收文接近五卷本系统，但是，两版本与其他五卷本的收文还是有些出入，两版本卷二"文类"均收录有《吊汉武帝文》，卷三均收有《高宗梦得说赋》和《钧天乐赋》两篇文章，其他五卷本却都未收录以上三篇文章。

第五节 本章小结

综上考述，结论如下：

陆希声纂二十九篇文而成的《李观文集》三卷本是祖本，在此基础之上，后蜀赵昂又编十四篇汇入的《李观文编》三卷外编二卷，使李观诗文的基本面貌得以保存，是最早的五卷本。现存李观文集明清抄本多源于此本。秦恩复根据《唐文粹》《文苑英华》掇补的文六篇，融入《李观文编》三卷外编二卷而成的《李元宾文集》六卷是集大成的本子，最为详赡。现将本章底本和参校诸本制作成版本一览表，如表5-1所示：

表 5-1　　　　　　　　　　　　　版本一览

版本类别	版本名称	版本注释
底本	石研斋本	该本为秦恩复"石研斋藏板"六卷本，是在五卷本的基础上掇补《唐文粹》《文苑英华》所录李元宾文六篇而成的集大成本。
参校诸本	《四库全书》本	《四库全书》"集部·别集类"收录有三卷外编二卷本《李元宾文编》。本书采用影印文渊阁本。
	《丛书集成》本	《丛书集成初编》收录有六卷本《李元宾文集》。畿辅丛书和粤雅堂丛书皆收有此书，因畿辅本取粤雅堂本校订，该书据畿辅本排印。中华书局1985年出版发行。
	明叶氏赐书楼抄本	该本为六卷补遗一卷《李元宾文集》。本书采用中国国家图书馆藏本。
	明平庵抄本	该本为五卷附一卷《李元宾文集》。本书采用中国国家图书馆藏本。
	明蓝格抄本	此本为五卷本《李元宾文集》，蓝格。本书采用中国国家图书馆藏本。
	清翁心存校本	该本为五卷附一卷《李元宾文集》，翁同书跋。本书采用中国国家图书馆藏本。

续表

版本类别	版本名称	版本注释
参校诸本	四库底本	该本为三卷外编二卷《李元宾文编》，清初抄本。本书采用中国国家图书馆藏本。
	清黑格抄本	此本为三卷本《李元宾文编》，黑格。本书采用中国国家图书馆藏本。
	天佑堂本	此本为三卷外编二卷《李元宾文编》，明抄本，二本，一函。本书采用清华大学图书馆藏本。
	汪汝瑮家藏本	此本为五卷本《李元宾文集》，明抄本。本书采用北京大学图书馆藏本。
	清章学诚藏本	此本为五卷本《李元宾文集》，清初抄本。本书采用重庆市图书馆藏本。
	知不足斋藏本	此本为三卷外编二卷《李元宾文编》，清初抄本。本书采用上海市图书馆藏本。
	吴玉墀家藏本	此本为三卷本《李元宾文集》，三册。本书采用上海市图书馆藏本。
	清叶奕校跋本	此本为三卷外编二卷《李元宾文编》。本书采用上海市图书馆藏本。
	嘉靖本	此本为三卷本《李元宾文集》，明抄本。本书采用浙江省图书馆藏本。
	清西圃蒋氏抄本	此本为五卷本《李元宾文集》，王贡忱录，清吴翌凤批校。本书采用山东省图书馆藏本。
未见版本	何焯校本	《李元宾文集》五卷本。笔者未见。佚名校并录，清何焯校，清丁丙跋。今藏南京市图书馆。
	叶树廉抄配本	《李元宾文编》三卷外编二卷。笔者未见。清初抄本。其中第一至四、九至十四页为清叶树廉抄配。现藏于吉林大学图书馆。

版本传抄示意图：

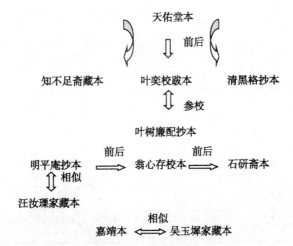

第六章

《李元宾文集》的思想和内容

李观的古文，既直接受到古文家梁肃的指导，又深受骈文家陆贽的影响，因而能集骈散于一身。由于李观置身科场又不幸英年早逝，他留存下来的文章主要是干谒文和行卷，显得较为单一，极难写出新意。但是，唐代散文的革新因素也正是萌生在这单调而又颇有争议的文体中。《李元宾文集》中，李观留下了许多独到而发人深省的见解，他的崇汉意识、儒道思想、复古精神、悯人情怀和赤子之心，在其中得到了充分的展现。他借助于史学家的眼光和文学家的手笔，依托散文的形式，在借古论今的同时，又讥刺时政、匡扶世风。

第一节　述古

李观崇古、复古，这使得他常常把眼光投向厚重苍茫的历史。他有一部分以历史人物为题材的文章，继承了建安诗人抒情与言志相结合的传统，名为咏史，实为咏怀，将咏史与咏怀更紧密地结合起来。以文论史，抚今追昔，沉思社会兴衰的原因，总结经验教训，表现了他对历史、对人生反思后的感悟。历史元素的加入，通过李观的借题发挥，表现出他的政治感慨与识见，具有史论色彩。同时，也使年轻的李观所作的文章带有了人生的厚重感和沧桑感，显得有相当的深度和力度，耐人寻味。咏史之文，以感慨作铭，令人遐思无限。

一　咏史怀古，崇古尚汉的思想

李观为文，思越古今，常爱以历史人事为题材，寻找出历史的问题，对其发表独到的见解。他常常在翻阅古籍时，有感于古人的命运遭际，生发出诸多的人生感慨。他在文中流露出对以司马迁、司马相如、扬雄为代表的汉代文章的恭敬态度，对他们所持的儒家之道也极为推崇。讨论的人物大多是《史记》中的人物，集中在汉朝时期的前后，也有春秋时期的人物。此类的文章有：

《斩白蛇剑赞》咏叹刘邦之剑为"天地之灵器""肆能前人而谋，先鬼而灵。托三尺之质，扶堪舆之倾"。文末亮明自己的观点："苟以至神推之，则未尝遗于圣人矣。"（李元宾 a，1830：卷一，二—三叶）《项籍碑铭并序》以简练的文字回顾项籍的一生，分析项羽兵败并非项羽自身所言的"天实亡我"，而是其"勇而无谋，刚而无亲，忌而从谗，暴而残人。是以人得蹈其姿，兵得害其身，真自亡也"（李元宾 a，1830：卷一，四叶），是其性格决定其命运。《赵壹碑并序》概述了赵壹一生的境遇，表达了他对其才华和为人正直的钦佩，尤其是对赵壹没有把握住三次时机而深表惋惜，认为赵壹的悲剧在于他的命运："观饮元叔之德声，而怨其运不并，乃序而铭。"（李元宾 a，1830：卷一，六叶）慨叹赵壹德才兼备而命运不济。李观"推人及己"，认为自己怀才不遇也是由于时运不济。《周苛碑并序》中，李观发挥自己的想象力，用项羽与周苛对话的形式表现周苛从容就义时大无畏的英雄形象，赞汉御史大夫周苛主显节立，雄果异常，文中说道："观感公之雄果，而史无传记，敢镂幽石，以承阙文。"（李元宾 a，1830：卷一，七叶）《大夫种铭》的写作目的在于："询种之名，不登于三仁；求种之坟，不在于九原。勒石以备脱简，终古以慰枉魂。"（李元宾 a，1830：卷一，八叶）慨叹文种不知身之进退存亡，非辜至死，对其生前煊赫而死后寂寥的人生大发感慨。《古受降城铭》主张以德制夷，反对穷兵黩武，对汉武帝的做法提出异议："何必征而降之，降而城之？若然者，三方之夷皆可降，而城何独一陲？此所谓反无外、伤无私，不可为后王之规。"（李元宾 a，1830：卷一，十叶）给当政者以警醒。《晁错论》是在"读汉史，见景帝杀御史大夫晁错，以姑息吴王濞，痛非其罪也，故直笔以议"（李元宾 a，1830：卷六，九叶）。评价晁错至忠，无辜遭杀，痛惜其命塞时乖，同时指责汉景帝偏听偏信。联系李观身处的中唐，在藩镇割据而中央失权的局势下，李观实际上是在借这篇文章讽喻今世，讽谏当世，借古喻今。无论是项籍、赵壹还是文种、晁错，在李观笔下都是悲剧人物，这些人物的共同点都是才能出众却不合于当世。李观不是没有分析人物性格对人生的重要作用。从李观对项籍的评价中笔者分析，他能够认识到性格决定命运，即便这样，他也无法超越性格的局限，把不幸的命运归结为时运不济。李观有意无意地关注并同情这类古人，是他发现自我的体现。《吊汉武帝文》批评汉武帝身处君位而学仙道，叹其迂腐，对其不务大业的做法深表痛心，也是对儒学衰微而道学昌炽的现象的反映。

二　儒学为体，道墨相济的思想

中华民族儒家思想源远流长。上溯伏羲、神农、黄帝、尧、舜、禹诸圣人。商朝以后，文王继承尧舜王道之治。文王重农、爱民的精神成为儒家人本思想的重要来源。周公制礼作乐，是早期道统思想的总结者。周公之后，孔子开创儒家学派，继承文王仁政和周公周礼，以仁、礼为道，以仁释礼。孟子开道统传授之端绪。荀子既继承发展孔子又吸取改造道家，提出"天有常道"的命题。他以礼义忠信为道，强调天道自然，人道有为。汉儒董仲舒提出的"罢黜百家，独尊儒术"的思想被汉武帝采纳，适应了宗法制家族关系的需要，在封建的个体小农经济基础上确立的儒家思想成为中国文化的正统。出身寒门的李观，基本上继承了经过董仲舒改造的孔孟之道。他怀抱挽救大唐王朝的希望，对儒学用力甚勤。深受儒学的浸润，在实践中传播弘扬儒学的精神，力图恢复两汉时期孔孟之道的统治地位，来整饬当时社会秩序，挽救帝国日趋没落的命运，稳定并巩固中央政权，促进中兴。

崇尚儒家的儒士往往祖述尧舜、宪章文武、宗师仲尼，崇尚仁义与礼乐，提倡忠恕和中庸之道。李观常学仁义之书，深受儒家思想的影响。以孔子为代表的大儒在其心目中占据着崇高的地位。在《谒夫子庙文》中，李观称颂："皇夫子之道之德，与天地周旋，与日月合明，乃圣乃神，炳乎典谟。唯王者得之以事神使民，庶人得之以不失其死生，诸侯得之以事天子，卿士得之以保世禄，怨灾不及其身，四时得之而序行，天下得之而大同。""我庙俎豆，我王衣冠。夫子得之，亦无愧言。七十之徒，亦公亦侯，外如君臣，内实讨论。烝烝小子，思得其门。夫子圣人，天锡元精。其未生也，若超然神游，与两气相存。其既生也，遇三季之会，飘摇湮沦。弦歌之音，拊而不和；仁义之图，卷而靡陈。及相鲁而有喜色，去宋而曰桓魋，其如予何？圣人之穷，乃如是耶？""俾夫子生于尧之代，尧必后舜而先夫子；生于舜之代，舜必先夫子而后禹：圣人得时化可知也。如舜禹生于夫子之年，则不过守于畎亩之中，安有夫子之教，垂于无穷，若今日之澶漫者乎？若夫子生实陪臣，没乃皇爵，有圣德也；唯纣生实殷辟，死曰独夫，有逆德也，唯爵谥在德，唯德有圣有逆，唯圣逆在人，不在于尊。于戏夫子！圣人之极欤？凤鸟不至，无其时也，秦人焚书，文之衰也；帝唐爵王，德之兴也。唯夫子之德，洎唐之德，永而能安，古而更新，降康下民，夐有烈光，讫无间然。"（李元宾a，1830：卷二，一一二叶）文中李观怀着无比虔诚和崇敬的感情盛赞孔老夫子道德至高，极为推崇儒家的"仁义"。

　　他提倡"礼文其外，乐质其理，大欲节而中庸立"，写《哀吾邱子文》以"勖人之中庸"。他认为"忠本孝而生，信载义而行"，借吾邱子之口，对人、君、亲间的关系作了阐释："太古之先，又有宰者，聚五行之秀气以为人，镂五常之大端以为心。人者，所以灵于万物者也，其生必有依；心者，所以履于百行者也，故立必有从。生必有依者亲，立必有从者君，君亲之间，必有交游。非其亲，孝无所宣；非其君，忠无所称；非有交游，无所成其身。"（李元宾a，1830：卷二，三叶）李观认为导致各种社会问题的根源在于儒学衰微，而儒家学说是通过经书采用古文的形式流传下来的。因此，他时时运用《易经》之义理来丰富、深化其诗文的思想内容，给文章增辉。同时，他要求复兴古文以复兴儒学，弘扬仁道，针砭时弊。

　　时至唐代，儒家的济世思想已然深入人心，但道家的影响，也"使他们返归自然，生一份对自然的亲和力"（袁行霈、罗宗强，1999：207）。"道"和"德"是儒家思想的范畴，也是与道、释共有的范畴，但三者赋予这两个范畴的涵义有异。即使身为儒家思想代表的孔子，他对"道"的阐述也是游移不定的：有指自然规律的，如"夫子之言性与天道，不可得而闻也"（杨伯峻，1980：46）；有指真理的，如"朝闻道，夕死可矣"（杨伯峻，1980：37）；有指政治主张的，如"文武之道，未坠于地，在人"（杨伯峻，1980：203）；有时指理想社会，如"齐一变，至于鲁；鲁一变，至于道"（杨伯峻，1980：62）；有时指道德修养，如"君子务本，本立而道生"（杨伯峻，1980：2）。李观的思想高屋建瓴，超越古人。在他看来，在儒释道并行的中唐时期，对释、道中的某些思想成分不吸收是不明智的，置之不理也是不可能的。为大唐帝国的中兴，他不能不对儒学进行某种程度的扬弃，当然也不能不对佛道思想中的某些成分加以吸收，这样才能适应处于不断变化中的中唐社会。李观审时度势，形成援道入儒的新儒学。他写出了《通儒道说》，立论标新立异，指出

"上圣存于中而外施训，凡仁、义、信、礼四者流于道。道外而流于道以四化外，俱复于天下。为羲农不道而上德，则尧舜并知至德，则不列于圣教，决无四数矣。凡骈行之为仁、为义、为信、为礼，并行之为德，愈德臻靖为道。故二为儒之臂，四为德之指。若忘源而决派，薙茎而掩其本树，难矣！则冲虚利害于本末。然老氏标本，孔氏回末，不能尤过者，自中而息，岂前无路哉？及列氏、庄氏，展而针之，空清泊中，非典经与家风，鄙而窥外，俱达谊也"（李元宾a，1830：卷六，三叶）。他不仅仅张扬儒家价值系统的"道"，同时努力重建儒家知识系统的"学"。他袭故而弥新，思想观点多受到儒家经典的启发，同时也汲取了道家学说，体现出新的特点，能于儒道间翻出新意。与先秦的原始儒学不同，与两汉的儒学也有很大不同，自有一番不同于前贤的见解。

在援道入儒的同时，李观能够做到融墨入儒。"各任其能""兼爱""非攻"的墨家学说也影响着李观的人生观。墨子认为"各从事其能所能"。对此，墨子曾形象的比喻"譬如筑墙然，能筑者筑，能实壤者实壤，能欣者欣，然后墙成也"（墨翟，1989）。这是社会分工在墨子思想中的体现。李观在此基础上，结合儒家一贯的认识，提出了对社会的疑问："令骥捕鼠，则何由得也？以剑补履，则无由克也。责燕雀以六翮之用，则何由致也？"（李元宾a，1830：卷三，十三叶）

李观和墨子所处的时代有着惊人的类似。墨子处于春秋和战国之交，各大诸侯国纷纷兼并各弱小侯国，战争频仍。李观所处的时代：安史之乱后，藩镇割据使政局更为动荡，中央政府与藩镇之间有过多次斗争。相似的时代背景，使李观面临思考墨子曾经面临思考过的问题，即如何对待战争的问题。墨子认为，如果天下人能够兼相爱，战争就不会爆发。"兼爱"是"非攻"的基础，"非攻"是实现"兼爱"的战略性谋略。李观同样具有反战的思想，在《古受降城铭并序》中，他针对汉孝武帝提出疑问："欲其知所尊而不思乱华，何必征而降之？降而城之？若然者，三方之夷皆可降，而城何独一陲？此所谓反无外、伤无私，不可为后王之规。"（李元宾a，1830：卷一，十叶）这也从一个侧面体现出李观作为文人的保守性和软弱性。

第二节　论今

这一时期，一度繁荣昌盛的大唐帝国经历了"安史之乱"的冲击后，各种社会矛盾已经暴露：中央宦官专权，地方藩镇割据。艰难的社会环境激发了文人伤世感时、兼济天下的忧世入世情怀，也赋予他们匡世救世、恤国安邦的社会使命感。中唐文士敢于大胆地针对现实生活中存在的问题提出明确的治事方案，并将实现自己的救世理想作为人生追求的主要目标。只有参与到政治生活中去，寻找一切机会贡献自己的才智和精力，才能实现各种人生愿望，这成为文人生活的准则。

李观身为贫贱之士、布衣之人，持有积极的入世思想，颇有用志之心，殚精竭虑试图以诗文跻身仕途。未入仕途，就有以天下为己任的豁达心胸，对国事日以念之，月以思之，时以疑之，不自已也。其文《与处州李使君书》，对于李使君以疾辞官的做法，颇为不解，大胆进言，表达自己的想法："窥见天下弊事，尤要删革，以十叔令望，方宜擅之，岂可逡巡也？世间嗤彼旷职，不知是行也，将何所之？诣朝廷乎？游山水乎？朝廷正纳谏，山水不足乐。十叔早觐皇上，无滋淹滞，执政渴贤，不致勤久？"（李元宾 a，1830：卷三，二叶）李使君的隐居想法，对于积极入世的李观来说当然是难以理解的。《与吏部奚员外书》中，他毫无避讳地道出了自己的心声："观之心与天下之人心异，其所务亦异。观小子方读书学古，受严师心训，属文励志，立可久之誉。"（李元宾 a，1830：卷三，四叶）认为自己非等闲之辈，是可造之材。他在《上杭州房使君书》中，对国家大事进行了一番评论，表白为国效忠的心意："今主上非不圣，但辅相有阙也。以观庸意，倘挺使君于廊庙，则中人以下远恶矣。今特遭处民之上，利身而不利国；在朝之右，谀媚不直；缘边之寇，蜂起为蟊贼。观诚守贫窭，无卜式裨国之利，身复多病，无终军系虏之力，但怒发抚髀，气如腾云。苟未获谋，何命之剧终？固当曳履见天子，借剑趋相门，尽养民治国之计，逐倚法尸禄之吏，使卫青重揖客，孔子畏后生。"（李元宾 a，1830：卷四，九叶）在《吊汉武帝文并序》中，对汉武帝居帝王之位而学神仙的做法隐晦地提出了意见。对"上官之政不能佐，下寮之事不能达"的官员，"窃所恶之"。他的应时济用之言和热心国事的思想体现了时代特征，在儒士文人中具有广泛的代表性。作《上陆相公书》一文时，李观已经释褐入仕，他无法释怀的，仍旧是："古今治乱，邦家大体，生民之难，君臣之际。"（李元宾 a，1830：卷三，九叶）与其用世之心相对应的，就是李观对整个社会的体察入微和高度关注。通过抨击现实，他抒写怀抱，多不平之音。

一　对社会现实的不满

中唐时期社会的主要矛盾是国家统一和藩镇割据的矛盾。安史之乱以后，唐王朝的中央政权日渐衰弱，藩镇节度使拥兵自重。就此社会问题，李观认为，一个贤明的君主，需要明确自己的职责，正确理解和处理君、臣、民的关系，如此才可能做到以仁义治国，以仁义待民。

他对朝政官风的揭示和不满主要体现在他的干谒书信之中。《代李图南上韦使君论戴察书》中以戴察为个案，提出反对重赋，反对宫市现象的主张。《与处州李使君书》中，写道："今之王公大人，朱其门，肃其卫，见贵要子弟则前席，见贫约等辈则不容曳裾，何尝觉非，相效为善。且士有才与艺，而不北入洛，西入秦，终弃之矣。"（李元宾 a，1830：卷三，一叶）作为"贫约"之辈的李观对"王公大人"重贵轻寒的态度颇为不满，直笔书之。《上陆相公书》中，称："州郡者或连岁而来，逾纪而去，恶不加惩，善不加劝，害民者滋深，利民者不立。"（李元宾 a，1830：卷三，十一——十二叶）《贻先辈孟简书》中，则对当时的世风作了辛辣的讽刺："敬料足下雅度，必以所报之人云，仆貌不环杰，衣不鲜丽，前无高车，后无苍头，量仆为区区进次之人，而默相遣。若使有一俗士，煌煌轻肥，足下必投袂而起，何疾之称尔？"（李元宾 a，1830：卷一，四叶）《与吏部奚员外书》中，义正词严地对学风作出如下陈述："今天下之人则不然，或学止肤受，或文得泛滥，有崔卢之姓亲戚，有酒肉之费结往还，依倚而得，得罢便已，是与人之异也。""而今之人所慕，未必为贫若孝行，但欲身上有片光耳，是所务亦异也。""观寄国子监时，又闻举子其艰苦憔悴者，虽有铿鍧其才，不如啗肥跃骏足党与者，虽无所长，得之必快。"（李元宾 a，1830：卷三，五叶）李观在此用对比的手法再现了寒门学子与豪门子弟在科场上天壤之别的命运，揭示出科考不公的社会现实，体现了李观对当时社会风气的深恶痛绝。可见，作为布衣羁旅求仕之人，李观有着与众不同的才行，恃才傲物，对当时的学风和世风都颇有不满，他看不惯的社会现象很多，年轻气盛又狂气十足，在表现自己不满的情绪时是毫无顾忌的。在《与睦州独孤使君论朱利见》中，他对社会风气也表现出少有的无奈和悲哀："凡今之人，恶直丑正，入门自媚，邪道苟容，故有贝锦首章，青蝇独吊。"（李元宾 a，1830：卷四，十二叶）

另外，李观也借悼念忠魂以批评时事。他以深沉感人的笔法表现殉国英雄的爱国主义精神的同时，笔端流露出对朝廷的不满。《吊监察御史韩弇没蕃文》通过介绍韩弇被擒的经过表现了吐蕃的奸诈和韩弇的无奈。一方面对韩弇的遭遇表示痛心，同时希望朝廷能够从中吸取教训，谨慎用兵，文称："有备无患，军志也。戎人安所暴其诈？"（李元宾a，1830：卷二，四叶）文中还写了长年的边疆争斗造成大量将士阵亡疆场的史实。《泾州王将军文》通过描写战争场景，表现了将士们势不可挡的气势和王将军骁勇善战的英姿，文中论道："主上闻之，赠官汾州。赏则厚矣，我窃悲焉。悲赏出死后，用失生前。天下之有用不得闻，故多败没，上之执赏，死而加之，利为空名。由是将军之伦，何尝劝焉；泾州之师，何尝保焉。苟圣人用人，一如将军，斧钺之雄，征镇之类，则将军无偾尸，泾州无陷围，亦可知矣。惜昔兵微用卑，以至于是焉。"（李元宾a，1830：卷二，五叶）文中对朝廷的用人政策进行了批判，对于泾州王将军战死沙场表达自己的看法，在他看来，生前用人不当，身后再多的恩赐也只是徒有空名，警示朝廷做到人尽其用。

二　对朝政改革的要求

李观生活的中唐时期，"贞观之治""开元盛世"的大唐气象早已远去。这个时候是唐王朝逐渐走下坡路的时候。"安史之乱"后，战乱虽然暂时平息，但叛乱却依然继续，唐王朝已经一蹶不振。唐王朝的社会生产遭到了严重的破坏，国力大为削弱。各派势力并起，四分五裂。叛将表面上归顺朝廷，成了节度使，独霸一方，父子相传，不听朝命。叛将之间争夺攻战，人民痛苦不堪。镇压藩镇之乱，使唐王朝中兴成为万民所向，也是以李观为代表的文人的希望。在李观看来，"当其进时，既不以言而以言者，所谓干议也；当其退时，既不以问而以问者，所谓犯贵也。下惧二者之为尤，上无一言之可谈，如此则下之思虑塞矣，上之闻见褊矣，观于左右悠矣"（李元宾a，1830：卷三，十叶）。虽然他对上谏之事一度犹豫，但爱国之心最终战胜了忐忑之意。

中唐以来，战乱不止，民生多艰，中唐面临如何内抑藩镇，外攘四夷这个与汉武帝初年相类似的政治主题。中唐文人有喜好究其本源、辩谈是非的风气与积极参政的意识，多有谏诤。李观对国力衰微、安边乏术、藩镇割据、边患滋长的国势深表关注，颇多思考，多有讽谏。如他在《安边书上宰相》文中提出安边的具体措施："欲戎之可却也，不愿多分节与人，愿择一人，敢以近言之，则开元朝哥舒翰之将是也；欲边之可安也，不愿岁更四方之兵，愿因其兵，敢以古言之，则汉晁错之策是也；欲财之不尽也，不愿衣食供给山东，愿开边田，敢以古言之，则赵充国之奏是也。"（李元宾 a，1830：卷四，三叶）这篇文章篇幅很长却一挥而就，运用排比修辞，对哥舒翰、晁错、赵充国三位古人的安边才能给予高度评价。李观婉言上谏，以古喻今、以古讽今，既表达了对时事的关心，也充分展示了自己通古博今、长于辞令的政治家风采。他在《晁错论》中对七国诛晁错之事进行评析，借晁错之事表明自己对藩镇割据的看法："错所以推心不顾，思永汉室，而患诸侯侈大，上书请削其土，是用翦其翼而固其本也。度错之志，岂有负汉哉？"（李元宾 a，1830：卷六，十叶）此文委婉上谏，以汉喻唐。《上贾仆射书》中指出朝廷面临的问题："今天下所务所劳所费者，在边、在兵、在食也，为忧也，为患也，弗可弗虑。思之于危，则无所及已，如谋始固终，斯为时也。且夫守边，要在乎兵；所以养兵，要在乎财；所以生财，要在乎民；所以养民，要在乎政。然则政为民之命，民为财之资，财为兵之府，兵为边之守，其相藉如此之大也。"（李元宾 a，1830：卷三，十四—十五叶）《上陆相公书》中提出具体的措施："今或不能率复三代与汉旧典，何不选举公良，分郡按察，邦伯牧长，责其亲临。及其风俗，以劝以惩。"（李元宾 a，1830：卷三，十二叶）另外，他在《上陆相公书》文中也对时政表明自己的态度。据《旧唐书·赵憬传》载："贞元四年，回纥请结和亲，诏以咸安公主降回纥，命检校右仆射关播充使，憬以本官兼御史中丞为副。前后使回纥者，多私赍缯絮，蕃中市马回以规利，憬一无所市，人叹美之。"（刘昫，1975：3776）对于"和亲"一事，李观认为："又窃观与北狄和亲，帝女下嫔，实国家思往年之绩，垂不臣之姻。然闻烝报且数，贪婪无侈，而主上年必遣使，使必备珍，得无费乎？得无勤乎？"（李元宾 a，1830：卷四，三一四叶）可见李观对"和亲"政策持鲜明的反对态度。

同时，李观认为藩镇割据是对君臣秩序的一大破坏，而秩序的重建必须辅之以教化。因此，李观主张隆儒学、养才士。他在《请修太学书》中论道："长国之术，在乎养士；养士之方，在乎隆学。夫学废则士亡，士亡则国虚，国虚则上下危，上下危则礼义销，礼义销则狂可奸圣，贼可凌德。圣德威迤，不知其终。"（李元宾 a，1830：卷五，二叶）

　　李唐天子多崇佛佞道，使唐代的思想潮流形成儒、道、佛三教并行之局面，令文人儒士的地位愈加低下。中央和地方官员为投皇帝所好，不惜耗费巨资大造寺观，而以教授儒学为主的教育部门，从中央的国子监，到地方的州学、乡校都被漠视荒置，儒学衰疲之情况，也就可想而知了。同时唐王朝对漕运法、两税法、榷盐法等财赋制度进行了若干改革，大大地促进了农业、手工业和商业的发展，使中央政府的岁入有所增加。这时，社会生产力的恢复，使广大社会阶层对文化教育的要求越来越迫切。李观认识到太学的衰微和太学的重要，写有《请修太学书》，极言修整太学的迫切愿望，表现出他对国家兴衰存亡的关切。

三　对选贤任能的期望

　　《上陆相公书》中，李观对当时的政局，这样描述："艰虞已来，百司不纲，事或流末，官备职虚，多不厉己。有能倍于官，有用寡于职，有亟见于除，有久不得迁。"（李元宾 a，1830：卷三，十三叶）李观所处的时代是儒家思想的统治地位已经动摇的时代。南北朝以来的几百年间，儒、释、道呈三分天下的格局。中唐时期宦官专权，藩镇割据。封建纲纪已经荡然无存。从儒家的立场上来看，这是一个思想危机、人才危机的时代。这种情况下，李观认识到知人善任的重要性。

　　《上陆相公书》强调用人，写道："夫天下之人，不可尽胜，执事者耳目之至也，当在用人而理也，用人而乱也。"（李元宾 a，1830：卷三，十一叶）对于有人曾提出的世无贤人的看法，李观认为："此甚不可听也，诚用之未当。令骥捕鼠，则何由得也？以剑补履，则无由克也。责燕雀以六翮之用，则何由致也？用之当用，物且靡遗，况天下之士，行道甚难也，逢时不易也。行道甚难也，而天下之士不以此时遇相国，而相国不以此时得天下之士，则千秋不可复期，嘉会不可再来，盛德不可久持。故昔人曰：'未遇伯乐，则千载无一骥。'明其士无时无特达也，犹马无时无千里者也，甚可思也，伏惟勿忽之也。"（李元宾 a，1830：卷三，十三叶）韩愈在《与汝州卢郎中论荐侯喜状》中也曾指出："士之修身立节而竟不遇知己，前古已来不可胜数。"（屈守元、常思春，1996：1487）所谓"不遇知己"就是遇不到善于识别、擢拔人才的执政者。二者观点极为相似，都认为选贤举能贵在知人善任、唯器是适，而知人善任是当政者需要具备的条件。

唐承隋制，以科举考试取士，至高宗、武后朝，尤崇进士之科，奖掖寒微，广开仕路。安史之乱后，学馆废替，由州县遴选之乡贡逐渐重于以贵族子弟为主体的生徒。寒门士子不如门阀士族既有丰衣足食的保障，又有高第门荫的庇护，因此，进士入仕成为寒士改变自身地位的唯一途径。但是，唐代取士先需经过礼部考选，任用需经过吏部考选，出身中下层的士子进入仕途可谓困难重重。李观在《与膳部陈员外书》中以怀才不遇的情绪表达关于人才问题的看法："非愿去轨度，塞声称，二者诚仕进之向也。盖欲有司之留视于轨度之外者，绥听于声称之遗者，勿以人之好恶，夺己之精理也。""虑良冶之巧，无消冰之术，镆铘之锐，无补履之用，而因投弃，为代所笑耳。"（李元宾a，1830：卷三，八叶）《与右司赵员外书》中也说："使诚无可闻，而望有闻，欲速之过也；使有可闻，蔽贤之过也。"（李元宾a：卷三，七叶）他提出在人才的使用上，要不拘一格，科举考试之外，也要在被忽略的人群中发现人才。

李观不但积极地向当权者自荐干谒，也热心为他人铺路引荐，曾向梁肃推荐孟郊和崔宏礼，特别指出孟郊文奇行贞，崔宏礼为文雄健宏深且为人磊落不常，表现出选贤任能的迫切愿望。

四　对民生疾苦的关注

中唐士人因以儒业为怀，不管身处穷达，皆能以兼济天下、利安元元为追求。他们指陈时弊，议论时事，体现了忧国忧民的思想境界。李观的惠民、利民思想表现在：为群生代言、为他人代笔、为朱利见鸣不平。

李观未进京举进士前，苏州举人陈昌言、朱公荐、戴察均以才获送，却因家里支付不起路费的原因不能赶往京师应试。李观与群公聚会讨论，并大胆上书《与房武支使书》，请求支使"实数子之囊，备二京之粮"或者"言之于有司，取我王税，量其丰省，赡其所需"（李元宾a，1830：卷四，七叶），推拔下辈。此时，慎言慎行的李观能够出头露面，必是怀有极大的勇气和决心，是他敢于担当的体现。全文不言私利，为群公代言，此义举表现出其对才情之人的尊重、爱护和怜惜。李观区区一介书生，少年气盛，仗义执言，胸襟如此，气概非凡。

李观古道热肠，《代彝上苏州韦使君书》曾为耽书直戆的彝君代笔谢罪。《代李图南上苏州韦使君论戴察书》给李图南代笔为儒生戴察伸张正义，因为"彦衷乾乾之子，章句精意，此士儒辈，无居其先。每秋乡送，皆为宾首，温良敬简，殊有可纪"（李元宾 a，1830：卷四，十五叶）。此文是义愤填膺，情感充沛。

《贻睦州纠曹王仲连书》《与睦州独孤使君书论朱利见》和《与张宇侍御书》三封书信都是为朱利见一人再三申诉，感人肺腑。从文中可知，无辜受罪的朱利见居无定所，生活极端困窘。李观与朱利见"但念同类，非私朋好"，"非有半面故素、一夕优狎，非有斗筲之惠，杯酌之好"（李元宾 a，1830：卷四，十叶），二人并不熟悉，也谈不上是朋友，之所以为朱氏仗义执言均因同情他的无辜遭罪，言辞恳切，恻隐之心毕现。

总之，李观继承了儒家的传统，秉持积极入世的人生态度，怀抱忧患意识和同情之心，对时代、社会和民生疾苦具有敏锐的感受力和清醒的认识。

五　对朝廷循吏的歌颂

除诉疾苦、泄不满之外，李观也赞清官，颂循吏。对于一些公正廉明、勤政爱民的官吏，李观在文章中绝不吝惜笔墨，予以表彰。例如《浙西观察判官厅壁记》一文，他称颂观察判官李士举能够使冤案昭雪，释放冤囚，解决民事纠纷。在他的治理下，民风纯良，官吏清廉。文中对这一循吏大肆渲染："从事浙右，十有馀年，能事备乎游童，光烈灼乎简书。始从韩公，多辨疑狱，多释冤囚，疑似得昭，纠纷得宁，四方翕然，藉甚于公。后从王公，盛德日新，六州人殷，奸宄易容，民不淳良，吏不廉清，无日无之。公乘轺车，日往月还，剖断善恶，明白可观，六州之士，为颂作歌，天下名贤，罕不咨嗟。""九年冬，苏州刺史有丁忧去官连城，命公来抚吴，德美矜人，化变悛人，如春之和，吴下乐康。嗟乎！夫有其任，无其事，十有八九，岂虚耳哉？非其任，有其事，如公之作者，百无一二焉。""议者以为视公之为佐，可谓忠于佐矣；视公之断狱，可谓敏于狱矣；视公之理人，可谓达于理矣。谅哉！有以颂连城之表贤，有以见吴人之多幸，有以见李公之攸宜哉。"（李元宾 a，1830：卷一，十三叶）可见李观的爱憎是非常鲜明的，而他对社会的认识也秉持着客观的态度。

六　对故土亲人的思念

在科举制度盛行的中唐，文人们为了仕途抛家别亲，常年奔波在外，从而产生了离愁别恨以及表达这种愁别之恨的文章。他们借文章来抒发对自己远离故土，对亲人深沉的思念之情以及由这种思念之情带来的难以排遣的愁苦和哀伤，李观更是为自己常年为求学应举不能侍奉双亲而愧疚。《东还赋》一文，表现出李观思亲之哀愁。《报弟兑书》则表现了李观对亲人的牵肠挂肚。同时代的欧阳詹所作的《出门赋》《将归赋》也是这样的作品。科举、仕宦带给人们的，除了荣耀和辉煌，还有背井离乡、思亲念旧的苦楚和悲伤。《哀吾邱子文》借古人之言浇心中块垒，最能表达李观思亲之情："始者志于四方，希有一朝之荣，以为父母昆弟之欢，游罢乃旋，而父母之坟已干。今思而哭之，与不养之子同……夫忠本孝而生，信载义而行，三者既亏，而予生非生，行可行也。"（李元宾a，1830：卷二，三叶）这难道不是李观自身的写照，不是李观的肺腑之言吗？

第三节 说"文"

"安史之乱"后，佛、道二教盛行，儒家正统思想受到冲击和削弱。李华、独孤及、梁肃等人奋起提倡复古、崇儒宗经，形成了一股复古主义思潮。在复古思潮的影响下，李观认为时局的动荡在于儒学不振，而经学失却往日维系人心的作用是当今最大的危机，他提倡重修太学，写文《请修太学书》，文中写道："是了不知长国之术，在乎养士；养士之方，在乎隆学。夫学废则士亡，士亡则国虚，国虚则上下危，上下危则礼义销，礼义销则狂可奸圣，贼可凌德。圣德威迤，不知其终。"（李元宾a，1830：卷五，二叶）在他看来，救世之急在于以儒学拯救人心，以儒学安邦定国。

李观认为文人应能行古道、学古文，借着"复古"的名义，把古文引向革新的道路，以"文"言其心声。《与睦州独孤使君书论朱利见》中坦言："观洁身履古，立行师古，临事不惑，见危必进，秉此数节，时人罕知。"（李元宾a，1830：卷四，九叶）李观提倡古文，秉承了当时新兴的经学革新精神，怀着强烈的自觉意识，颇为关注承载巨大教化作用的文学。

在他的一些信启中，表露出他对文学的一些看法：《与右司赵员外书》中强调了"文"的重要性，提出"士不得不言，言不得不文"（李元宾a，1830：卷三，六叶）的观点，是对古圣先贤"言而无文，行之不远"思想的继承。他重视文辞，师于古而不拘于古，在理论上和创作实践上都表现了求新创变的积极态度。《与右司赵员外书》写道："今之人学文一变讹俗，始于宋员外而下及严秘书、皇甫拾遗。世人不以为经，呀呷盛称，可叹乎！然世人之庸，而拟议于数公，其犹人与牛马也。以观视数公，则皆师延之馀音，况能爱世人之蝇蚊乎？"（李元宾 a，1830：卷三，七叶）文中的师延为殷纣王乐师，常作靡靡之音。此处是在讥讽宋之问、严维、皇甫曾之作是师延之余音，认为诗歌无法承担宣扬道统的责任，这与李观以古文创作为主的做法是一致的。

唐代宗宝应二年（763），杨绾和贾至都提出了废诗赋、去帖经而重义旨的科举改革意见。以韩愈为首的中唐文人积极提倡古文，对传统的诗学理论"诗言志"并不看重，有时更愿意把诗歌视为宣泄个人情感的载体。韩愈在《荆潭唱和诗序》一文中指出："夫和平之音淡薄，而愁思之声要妙，欢愉之辞难工，而穷苦之言易好也。是故文章之作，恒发于羁旅草野。至若王公贵人气满志得，非性能而好之，则不暇以为。"（屈守元、常思春，1996：1671）他们更重视诗歌作为个人抒情艺术的审美、宣泄功能。《与膳部陈员外书》也论及文人对文章与辞赋的态度，文曰："文之难言也久矣，是使为文者纷纶，无人察其否臧焉；雷同相从，随声是非，遂令怨咨之音作，苟且之道开……当今朝廷洪雅尚文，以文化人，四方翕然，听命于有司。有司于是乃以辞赋琐能而轨度之，声称丛闻而搴撷之。谬矣哉！"盛赞陈京为文章之储，文词之师，称他"扶微削讹，可以厚名；殚鉴静衷，可以辨文"（李元宾 a，1830：卷三，七一八叶）。文中提出"文之难言"，认为文章的标准很难确定。在他看来，辞赋为"琐能"，这代表了当时文人重文章轻辞赋的思想观点。《上陆相公书》文中有言："相国昔以章句知之耳，今固亦章句待之耳。"（李元宾 a，1830：卷三，九叶）这从一个侧面反映出李观的文章成就重在章句。

《报弟兑书》中，李观提倡"文贵天成，不可强高"的思想，反对矫揉造作的文风，曰："年不甚幼，近学何书，拟举明经，为复有文。明经世传，不可堕也。文贵天成，不可强高也。二事并良，苟一可立，汝择处焉。"（李元宾 a，1830：卷五，六叶）这篇文章李观自认为"最逐情者"，他承认自己穷居京师读书著文，兢兢勉勉而坚节不去的目的就是为求取功名，可谓直言不讳的坦率之文。

他引以为豪的作品是他在《帖经日上侍郎书》中提到的十篇文章，这些文章应该是此前他呈献给陆贽的行卷。帖经日所做的这篇文章应是温卷，文中提到自己的行文特点和基本原则是"上不罔古，下不附今，直以意到为辞，辞讫成章"（李元宾 a，1830：卷六，九叶）。他在文中强调侍郎说过的话："帖经为本，本实在才。才不由经，文自谬矣。由经之才，文自见矣。"（李元宾 a，1830：卷六，九叶）可见宗经是他的一个行文原则。他还在文中提道："故观今日以所到之文，谋于侍郎，不以帖经疑侍郎也。且昔圣人曰：'后世罪我者以《春秋》，知我者亦以《春秋》。'夫圣人祖述尧舜，宪章文武，然犹以《春秋》为言者何也？盖以谊有所不加，道有所不拘。夫文人读《春秋》，求旨归，观实忝为文，不敢越，及来应举，知有此事，意希知音，遇以特知，而有司多守文相沿。今遇侍郎，其特知乎？"（李元宾 a，1830：卷六，九叶）文中认为宗经在于对其内在精神的理解和把握，而不仅仅是对原文的记诵，表现出对传统经学的不满。

另外，在《上梁补阙荐孟郊崔宏礼书》中，李观曾对孟、崔二人的文章有所评价，这可以看出李观对文章的看法，他说："孟之诗，五言高处，在古无二；其有平处，下顾两谢。崔之文，雄健宏深，度中文质。言之他时，必得老成；言之今日，粲然出伦。"评价崔文的时候，是从形式和内容两方面进行分析的。评价孟文时，则抓住孟郊文奇的特点，写道："其孟子之文奇，其行贞，其崔子为文，如适所陈，为行则磊落不常，俱非苟取是之人也。"（李元宾 a，1830：卷三，十六叶）体现出李观对文章敏锐的感悟力。

作为古文家的李观在古文创作的同时，能从文学的特殊规律出发，把自己的所思所感述诸笔端，虽不成系统，仅为零散的语句，但其自身的思想内蕴使只言片语亦绽放出思想的光芒，发人深省。

第四节　本章小结

综观李观的各类散文，皆围绕着儒学这根主线，把崇儒创新的思想体现在各个方面。散文的内容无论从维护国家统一，批判封建割据，还是到讽谏统治者因材施用，勉励胞弟读书为人，无不表现出李观务本致用的文风和对家国人民的热忱与责任。他绝非为作文而作文，博取功名和传情达意的需要乃是有为而发，多有感愤之作。

第七章

《李元宾文集》的文体和语言

第一节　文体类型

李观的散文大多是实用性文体：书信、碑志、哀祭占其文章的一半以上，其他的文章也多与国家发生的事件和自身的经历相关，因而，他的文风朴素自然。他文史兼善，其散文中纯粹抒发情志心态的作品虽然不多，但对经史子集的娴熟把握使其个人风格极为鲜明。

李观散文共四十九篇，文体包括：碑、赋、记、铭、颂、赞、序、箴、说、志、论等体裁。我们主要根据姚鼐的《古文辞类纂》，从文体的角度，把李观散文分为以下九种类别。

一　书信

在源远流长的中国散文传统中，书信体一直是比较重要的一种应用文体，是谈话的书面化表达，如同与人面对面交谈。在表现形式上，灵活自由，真实可信，亲切自然，有较强的抒情性，较其他文章更能反映作者的思想、个性和气质。

李观散文中的书信约占存文的三分之一，分家书、上书和代笔信三种。其中，家书在书信中是别具一格的，因为是家庭成员内部之间的情感交流，所以极具个人色彩。仅存的《报弟兑书》在家书中是独具匠心的，由于写家书时人们容易想到哪写到哪，往往流于直白，李观的这封家书却是将浓郁而炽热的兄弟情寓于教诲之中，文中既有关于亲情方面感性的抒发，也有关于文章方面理性的表达。上书，又可根据写作目的和议事内容再行细分。就李观的文章而言，他的上书可分为：干谒书、陈情书、感谢信和辞谒书四种。干谒求荐信为一类，在藩镇割据和各自为政的情况下，国家分裂，礼治崩坏，实质上也破坏了唐中央政府的文官制度以及与此相关联的开科取士。唐代录取进士人数之少，与此也不无关系。因此，在这种情况下，李观为求一官半职或谋出路，不得不干谒贵族，难免会有些低声下气的恭维和贫困苦学的告白，以博取上位者的注意和同情。这类书信在李观散文中占了很大比重，既有对社会时政进行分析的，也有对文学问题进行讨论的，如《与处州李使君书》《贻睦州纠曹王仲连书》《与吏部奚员外书》《与右司赵员外书》《与膳部陈员外书》《上贾仆射书》《与房武支使书》《上杭州房使君书》等都属于干谒书。另有部分是议事陈情的，如《安边书》《请修太学书》《上梁补阙荐孟郊崔宏礼书》《与睦州独孤使君书论朱利见》《与张宇侍御书》《贻先辈孟简书》等。另外，李观写有感谢信一封：《帖经日上侍郎书》和辞谒书一封：《上陆相公书》。代笔书信有两封：《代彝上苏州韦使君书》和《代李图南上苏州韦使君论戴察书》，是以别人的口吻为他人写的书信，具体内容虽与己无关，但或多或少反映了李观对所论事情的看法和态度。

书信是表达思想感情的绝佳载体，是相对纯粹的个人写作。但干谒书信同家信的不同之处在于，干谒书信要把某些感情夸大，某些感情又不容许在里面恣意表达。李观一生对科举孜孜以求，所留文章绝大部分围绕科举而写，或目的是为干谒权贵，或直接为科举应试试题。因而，他的文章在表达内心真实情感方面受到了一定的限制。

二 杂记

杂记属于记叙文。狭义的叙事文指记叙会盟、征伐、救灾、戡乱等事件的文章，常常用来记载国家大事，而记载民间琐务的文章则一般归之为杂记。唐代开始，作为叙事文标志的"记"体散文开始单独成篇。李观的"记"体散文多为厅壁。厅壁记是书写于各级官吏办公场所墙壁上的文章，目的是褒奖美政，以供继任者瞻仰学习。《封氏闻见记》卷五"壁记"条载："朝廷百司诸厅，皆有壁记，叙官秩创置及迁授始末。原其作意，盖欲著前政履历而发将来健羡焉。故为记之体，贵其说事详雅，不为苟饰……然则壁记之由，当是国朝以来，始自台省，遂流郡邑耳。"（封演，2005：41）吕温在《道州刺史厅后记》中有言："居其官而自记者则媚己，不居其官而代记者则媚人。"（董诰等，1983：6339）李观给此种文体注入新的内容，在"媚人"的同时，还能有所鉴戒、美刺。《浙西观察判官厅壁记》《道士刘宏山院壁记》《常州军事判官厅壁记》等壁记以及《邠宁庆三州节度飨军记》等文章都归属于杂记类。

三 哀祭文

哀祭文是哀悼死者的文章，感情浓烈、哀伤感人是其特点。刘勰在《文心雕龙》中论及"哀吊"时说："或骄贵以殒身，或狷忿以乖道，或有志而无时，或美才而兼累，追而慰之，并名为吊。"（刘永济，1962：47）《谒夫子庙文》《哀吾邱子文》《吊监察御史韩弇没蕃文》《泾州王将军文》《吊汉武帝文》都属于哀祭文，大为祭吊古人、古迹的哀祭文，不是一味的表示哀伤，而是注意全面评价历史人物和相关史实，借古喻今，怀古伤今。

四 碑志

碑文庄重肃穆，谨严凝重，可以传之不朽，流之久远。李观所作的碑文文字精练，饱含深情地表彰那些有才能，然而却屈居下位或遭遇坎坷的小人物。对这些人他寄予深切的同情，表达了真诚的敬意。李观个性化的写作不但写出了古人的内在精神，也表现出了文中人物的突出个性：项籍的有勇无谋、赵壹的有德无运以及周苛的雄果悲壮，都跃然纸上。李观所作碑志文是韵文和散文的结合体。散文在前，是李观文中称为序的部分，而称为铭的部分，就是后面的韵文。《项籍碑铭并序》《赵壹碑并序》《周苛碑并序》《故人墓铭并序》都属于碑志体散文。其中的墓志又称为"墓志铭"，往往埋设在地下。"墓"和"志"合称为"墓志铭"：前面的叙述性语言称为"志"，文末的概括而押韵的文字，称为"铭"，用以表达悼念之情。《故人墓铭并序》就是为故交写的墓碑文，亲切而感人。

五 箴铭

箴和铭两种文体非常接近，均用韵文。箴文是一种规戒性的文体，"官箴"具有讽谏意味，"私箴"则是对自己的警戒文字。为了达到讽谏、警戒的效果，读起来顺口悦耳、便于记忆。箴言大多是以四言为主的韵文，但押韵不求严整，不必像诗歌那样讲究韵律。有时为追求音节的变化，也杂有一些散句。李观的《妄动箴》就是这样的文字，警告自己不要妄动，要以静制动。铭文是刻在器物或碑板上的一种文体，是由题记式的文字逐渐演变为在日常器物或居室题写的文字，可以表警戒，也可以记功德。李观的铭文有《大夫种铭并序》《古受降城铭并序》《东渭桥铭并序》，对一人、一城、一桥分别作文，表达自己的见解，表明自己的态度。

六　论辩文

论辩文是以分析事理和辨明是非为主的文章。李观的论辩文包括说体、辩体和论体三种。说体重在解释和说明，题材集中在个人的修身治学等相关问题上，对国家政治、军事等大事涉及的不多，有《说新雨》《通儒道说》《交难》等，侧重于思想上的交流。辩体和论体侧重于推理和论证，讲究文法和技巧，其中，《晁错论》属史论，是针对历史上"诛错为名"的史实，表明自己的看法，意在借鉴历史教训，曲折表达对现实的讽喻。《辨曾参不为孔门十哲论》则是通过主、客、或三方的反复辩驳，对曾参未入孔门十哲之列进行的辩难。文中辩论各方各持所论，有理有据，有破有立，气氛热烈无比。统观全文，曲折转换，波澜起伏，引人入胜，富有思辨色彩。

七　序跋

"序"体散文是一种评介性文章，《周穆王八骏图序》是针对"八骏图"这幅名画的图像内容加以阐述的一篇文章。通过寥寥数语，李观用简洁的文字对"八骏图"这幅名画进行了细致的描绘，使八匹骏马动感十足，宛在眼前。在此基础之上，李观从对图画的内容描述，转论图画的外观，从而让读者在脑中对整幅图画的轮廓有了一个完整的印象。

八　颂赞文

颂和赞两种文体亦非常相近，都用韵文。颂赞体散文是颂扬赞美的文字，歌功颂德的事物有显有隐，往往别有所指，如《郊天颂》借歌颂郊天之仪来歌颂当朝圣上；《斩白蛇剑赞》中把斩白蛇之宝剑安放在历史的长河中，借咏剑来赞美圣人。文中用纵横捭阖的写作手法将先秦至魏晋的朝代更迭、治乱兴衰的历史人物写得瑰奇神异。颂体文的特点在于典雅，强调文采；赞体文的特点在于赞美感叹，一般篇幅不长。

九　辞赋

李观的赋文，大胆地突破了传统赋的表现形式、章法结构和语言形式

等外在的格式，注入了更多的散文因素。韵散结合，使文章富有节奏感和
变幻美。这类文章有《东还赋》《苦雨赋》《授衣赋》《高宗梦得说赋》
《钧天乐赋》。其中的《东还赋》属骚体赋，"所谓骚体赋，是指采用楚辞
的体式而又以赋称名的作品"（郭建勋，2001：65）严羽对李观有句评
价："唐人惟柳子厚深得骚学，退之、李观皆所不及。"（郭绍虞，1961：
186）虽然这个评价是论李观不如柳宗元深得骚学，但在严羽的笔下，能
够与柳宗元、韩愈等文豪相提并论，可见李观的文章还是可圈可点的。
《苦雨赋》《授衣赋》属于文赋，有两大特点：一是韵散配合、骈散兼施；
二是有议论说理。《高宗梦得说赋》和《钧天乐赋》属于律赋，重声律、
辞藻等形式技巧。律赋常被应用于科场，正如《钧天乐赋》就是李观贞
元八年博学宏辞科考试的试题。

第二节　语言特色

　　文章是由语言构成的，而语言的优劣直接关系着作者的成就。李观的
文章，总的来说，气势雄伟、形象生动、形式活泼、文风多样、语言洗
练、声韵铿锵。之所以能够创作出此类佳作，很大程度上得力于李观的语
言，更在于他在写作实践中表现出来的与众不同的语言技巧。《帖经日上
侍郎书》中，李观针对为文技巧，曾写道："上不罔古，下不附今，直以
意到为辞，辞讫成章。"（李元宾 a，1830：卷六，九叶）可见，他不屑于
趋附于古今之人，只追求文意的畅达，这正是他的别具匠心之处。在语言
的使用上，只要适于表达，句子的长短、骈散、韵散，都是没有讲究的必
要。概括起来，其文章的语言特色在于以下五点：骈散穿插、韵散结合、
句式多样、长于说理、善用典故。

一　骈散穿插

　　所谓骈文，与散文对应，以双句即俪句、偶句为主的文字。它讲究的
是对仗工整，声律谐美，藻饰华丽，且多用典故。若想造出雍容纡徐而又
矜重的气派，就需要借助偶句、俳句等加以实现。骈文源于秦汉、成于魏
晋、盛于六朝。发展至中唐，骈文走上了形式主义的道路，一味的堆砌辞
藻，完全忽略作品的内容，无助于艺术的表现自然，也无助于真实的表达
思想，成了文字游戏。同骈文的空虚浮华相比，散文倒显得朴实自然。李

观在古文中掺入了一定的骈文成分，使文章显得既整齐凝练，又错落有致。他常常用散句叙事，骈句抒情。散句叙事能使人感觉轻松活脱，骈句抒情则使人感觉淋漓酣畅。没有散句叙事的铺垫，骈句的抒情就显得生硬造作，若没有骈句抒情，叙事中的感人力量就得不到应有的发挥和升华。

李文摆脱了骈四俪六、两两相对的固定句法结构形式的束缚，不受句数所限，也不受字数所限。他一方面吸取骈文之长，能纯熟的运用排偶；另一方面，又能继承三代两汉散体文之优点，文字参差错落，语调抑扬顿挫，意之所至，随笔成文。他的书信一部分纯是散体，如《与膳部陈员外书》《上陆相公书》《上贾仆射书》《上梁补阙荐孟郊崔宏礼书》等，这几篇文章文辞质朴、内容充实。有一部分作品，又多用骈句，如《贻睦州纠曹王仲连书》中，他写道："抱屈心破，积忧头白；泣尽垂血，痛余失声。"（李元宾 a，1830：卷三，四叶）《与吏部奚员外书》中的语句："朔风之情起，白华之恋切。无衣之累叹，偏在遥夕；倚庐之永念，频入愁梦。"（李元宾 a，1830：卷三，五—六叶）他对骈文和散文两种文体能够灵活拿捏，运用自如，既承继了先秦两汉内容充实质朴、行文自由酣畅的特点，又能适当的吸收骈文的华美整饬。

由此可见，李观作文的一大特点就在于他对赋、铭、箴、赞等文体进行了由骈转散的革新，丰富了散文的艺术表现手法。同时，在赋文中吸收了散文的语言技巧，以散文为赋；在散文中融入形式齐整的文字，以骈入散，透着不同于时文的别致。如《交难》《说新雨》以说为题，当时的作者常用散体，而李观此二文均用赋体，句式整齐且多押尾韵。

即使在同一篇文章当中，李观也能做到由骈入散，由散入骈，文笔游刃于骈散之间，骈散不废。在散文《吊监察御史韩弇没蕃文》中，骈文成分很多，例如："流沙无波，阴山无春。边草不绿，塞鸿不宾。秦有长城，汉有遗人。死者虏鬼，生者虏臣。哀夫韩君，生死穷辛。鬼能灵，人能语。君生其所，君死其所。"（李元宾 a，1830：卷二，四叶）这段骈文就是在大段的散文中自然而然生发的。再如《周穆王八骏图序》一文，开头是"予尝闻周穆王八骏之说，乃今获览厥图，雄凌趠腾，彪虎文螭之流，与今马高绝悬异矣，其名盗骊、飞黄、騕袅、白兔之属也"。此为典型的散文笔法，接着是"视矫首则若排云，视举足则若乘风。有待御之状，有矜群之姿。若日月之所不足照，若天地之所不足周，轩轩然，嶷嶷然。言其真也，实星降之精；思其发也，犹神符其魄"。这段骈文过后，回归散文形式："轼者如仙，御者如梦，将变化何别哉？世说周穆王驾八骏，日会王母于瑶池，从群仙而游。"（李元宾a，1830：卷二，五一六叶）行文中多偶句，但句式颇为灵活，八匹骏马奔腾飞扬的气势跃然纸上。骈文、散文于自由转换中浑然一体且言之有物，对扫除浮靡文风起到了一定的作用。不可忽视的是，李观骈散交织的古文在当时还处于一种对散文的摸索阶段，这时的创作难免会陷入一种两难境地，其引以为荣的优点正是他不可避免的缺点。骈散文在发挥其优势的同时，也暴露出了一定的问题，部分削弱了骈体文的华丽典雅之美和散体文朴质平易的特性。

二　韵散结合

韵文，与散文相对，泛指用韵的文章。句子押韵，不仅便于吟诵和记忆，更可增加作品在节奏、声调上的谐和之美。李观深得其中奥妙，其作品中出现了大量的韵文部分，以四字韵文为主，有三字韵文、骚体韵文、五言韵文，也有散体韵文。在韵脚的使用上，有一韵到底的，如《交难》中的"源无清流，弃沉逐浮。诈色自伐，伪心相求。睢盱竭欢，未竟成仇。一日销落，速如凛秋。朝荣无遗，俗态岂留。独见神岳寒柏，千寻无俦。直天而生，高干斗牛。下睨群植，匪堪与侔"（李元宾a，1830：卷二，七叶）。句中的浮、求、仇、秋、留、俦、牛、侔，押的全部是尤韵。整齐划一的四字句灵动而又自然，叙述的是自己求友心切的心情，整篇文章充满令人振奋的力量。有一句一韵的，如《周苛碑并序》中的碑文："龙战未分，崩雷泄云。雷崩云泄，其下流血。荥阳攻急，介士涕泣。赤帝徘徊，惟公在哉。秉心慷慨，处死不改。沈沈积冤，千古奚言。纪公光烈，参史之阙。"（李元宾a，1830：卷一，七叶）在这段文字中，运用到文韵、薛韵、屑韵、缉韵、灰韵、哈韵、元韵、月韵。有韵部交叉使用的，如《说新雨》中的"雨始未作，大人贬食。乃雨既垂，谓君何力。君兹事帝，帝报之德。雨既油油，兆民不识"（李元宾a，1830：卷二，六叶）。其中的食、力为职韵；德为德韵；识为职韵。有首句不押韵的，如《大夫种铭并序》中的铭文首句"姑苏之仇，敌国既亡。大夫何哉，不知其去，只知其来"（李元宾a，1830：卷一，八叶）。虽是四字句，但并不入韵。这与前三种押韵情况有很大的区别，是一篇韵文内部韵散结合的表现。

但凡是题目中有"铭并序"字样的文章，一定是散文和韵文的有机结合：序文为散文，铭文则为韵文。即使是对赋文这种要求韵律严格的文体，李观也试图把散文植入韵文。同为赋文，《授衣赋》《高宗梦得说赋》《钧天乐赋》，整篇文章都是韵文。《苦雨赋》则别出心裁，开头部分，是韵文："帝何为乎何谪，岁何为乎何祥。水何为乎竞火，阴何为乎乘阳。"接着引用的《易经》："大人者与天地合其德，日月合其明。"此句是不押韵的。紧随其后的，又是韵文："今则反矣，所谓合德者，变化合其序；所谓合明者，进退合其常。今则反矣，夫君德行乎下，天德行乎上。行乎上者下合，行乎下者上让。今世则反矣，谓之合德则非应，谓之合明则迷向。岂大人之德，有时而不合；天地之德，有时而用罔。"（李元宾 a，1830：卷二，八—九叶）整段文字，祥、阳、常、上、让、向、罔，都押阳韵。这段韵文过后，又是大段的散文。可以说，《苦雨赋》是李观韵散方面灵活结合的典范。

在具体的句子中，叠音词的运用也使文章韵散结合的效果加强了。统观李观文章中的叠音词，共有以下四种形式：

AA 式的有：翼翼、昭昭、桓桓、刑刑、浩浩、憧憧、漫漫、茫茫、琅琅、悢悢、哀哀、区区、役役、元元、苍苍、明明、钦钦、烝烝、巍巍、往往、狺狺、烈烈、嗷嗷、凛凛、爞爞、油油、芸芸、穆穆、峨峨、溅溅、回回、汲汲、怡怡、营营、一一、屑屑、欣欣、窃窃、悠悠、謷謷、碌碌、唯唯、铿铿、默默、往往、落落、楚楚、翩翩、璨璨、矻矻、依依、萧萧、喋喋、人人、禺禺、嘒嘒、亲亲、尊尊、焰焰、煌煌、竞竞、勉勉、云云、飘飘、树树、赫赫、乾乾、霏霏、瞳瞳、荡荡、暖暖、泄泄、佻佻、空空等。

AA 式加"然""如"字的有：轩轩然、嶷嶷然、皎皎如、申申如、区区然、恢恢然、晢晢然等。

AABB 式的有：昂昂巍巍、震震雄雄、忡忡慄慄、懊懊恋恋、温温孜孜、淑淑昭昭、奕奕翩翩、砰砰磕磕等。

ABAB 式的有：知否知否、死罪死罪、幸甚幸甚等。

在这些叠音词中，有形容词、动词、名词、象声词等，在句中可以充当谓语、状语、主语、定语、宾语等各种语法成分。无论是音节重叠的单纯词，还是词语重叠的合成词，对于整个句子、段落、篇章的表达，都起到了调音的作用，使文章看来有零有整，读来语音铿锵。

三　句式多样

不同字数的句子相交织，能使文章的语句呈现出多样性。李观自如地运用各种句式，有意识地使用字数不同、长短不齐的句子，使语势参差错落，文气自由奔放。咫尺之内，伸缩离合，无施不可，真正能够做到一卷之中篇篇有变，一篇之中段段有变，一段之中句句有变。例如《项籍碑铭并序》中的这段话："故有三将溃围，孤军曷归。良马在御，美人在帷。楚歌夜闻，哀泣垂绥。遂饮帐中，申令麾下，竟分美人，飙举良马。晓漫漫，云茫茫，失道于阴陵，问津于乌江。"（李元宾 a，1830：卷一，四叶）有三字句、四字句、五字句，显得错落有致。开头的四字韵文前加上"故有"二字，起停顿的作用，也调节了过多相同句子带给人们的视觉单调。再如《吊监察御史韩弇没蕃文》中的"有备无患，军志也。戎人安所暴其诈？千虑一失，圣人也。韩君是以为之虏"（李元宾 a，1830：卷二，四叶）。这段话，由四字句、三字句、七字句组合而成，每一个停顿中，字数有偶有奇，但整体来看，却是两两相对，形成极其严格的对偶形式。《说新雨》中的"排六合而上飞，倒百川而下注。悬流浩浩，灵怪相刺。迅雷窃发兮狂电交爇，声骙纲轴兮气慑日月。惠于鲁而巫尪止焚，溢于河而夸父不蹶"（李元宾 a，1830：卷二，六叶）。其中，有六字句、四字句、八字句和骚体句，各句或长或短，起伏有致，造成特有的节奏感。

此外，李观的文章中，用到大量的修辞手法。这些修辞手法有：对偶、排比、比喻、引用、用典、夸张等，本不足为奇，但在李观的笔下，却出奇制胜。尤其是排比，李观根据内容表达的需要，把散句安插在排比句前，不拘于声律对偶，不是为修辞而修辞，而是把修辞句融入更大的句子中，为句意的表达服务。散句和排比连用的例子非常多，有："汉皇得之初，其天成乎，其神造乎，其人为乎？"（李元宾 a，1830：卷二，二叶）其中"汉皇得之初"为散句，后面的为排比句。另如："然虽兵众于汉，战捷于汉，其后则有灵璧之败，太公困；荥阳之围，纪信焚；广武之守，伤其胸；固陵之役，挠其师。"（李元宾 a，1830：卷一，四叶）"议者以为视公之为佐，可谓忠于佐矣；视公之断狱，可谓敏于狱矣；视公之理人，可谓达于理矣。谅哉！有以颂连城之表贤，有以见吴人之多幸，有以见李公之攸宜哉。"（李元宾 a，1830：卷一，十三叶）段落中，散句和排比句紧密结合，使句式显得异常别致。抑或者他在对偶句前加上"是知"，能够起到划分段落的作用。这样，不仅使整齐的对偶句有单行之势，也使语句间的逻辑联系得以贯通，比六朝时期呆板的骈偶句更显高明。李观善于用结构相似的句子、词语排比列举，表现同范围同性质的事物，气势显得浩大。当然，这种散句和排比连用的句子也可属于上文提到的骈散结合的特点，但由于涉及修辞格，句式上更为出彩，故而在此特别列出，以示强调。

四 长于说理

《邠宁庆三州节度飨军记》文中，李益称赞李观"文直，长于记事"（李元宾 a，1830：卷四，八叶）。这点在李观通过叙事描写的为数不多的人物形象上可以略观一二。无论是廉洁奉公、勤政爱民的李士举判官还是深谙道义、淡泊而从容的刘宏山道长，都在李观的笔下个性鲜明、形象生动。事实上，相比于记事写人，李观在说理上更胜一筹。正所谓理直才能气壮，义正才能辞严。李观善于分析类比，归纳总结，善于用历史故事和寓言故事阐明事理。他好发议论，长于说理，议论和说理在他的文章中处处可见。即使是在为图画作序时，他也不免说理："由是知物有同者不必良矣，有异者不必否矣。"在为桥作铭文时，也不忘讲理："故物有时行，功有时止。"有时，文体也不能限制他发表议论的喜好，例如《苦雨赋》这篇文章，在常人看来，名为"苦雨"，通篇未言几次"雨"，却生发出长篇大论，似乎牛头不对马嘴，真的是这样的吗？作者在这篇赋文中，用主客问答的形式讨论，"雨"是一个引子，作者由雨联想到尧汤时的自然灾害，结合《易经》，对尧汤的君德是否合乎天德进行了讨论。表面看李观最后得出的结论是尧汤合于天德，事实上，他真正的目的在文外，那就是：如果国君圣明、佐臣贤良，自然灾害在百姓眼里并不认为是灾难。议论缺乏形象性，自然是枯燥乏味的，但李观破体为文，汲取骈文、散文的精华，同时能够调动散文内部的各种文体为他所用，在《说新雨》这样的议论文中纳入赋的写法，在《苦雨赋》这样的赋文中也可以运用议论的手法。既能够脱离赋的铺陈排比，用议论代替形象，又能给人启示，不能不算作古文的伟大尝试。

除此之外，李观很注重叙议结合，如《周苛碑并序》中，先是用寥寥几笔介绍了周苛，接着对荥阳之战进行了详细的叙述。文中描述，荥阳之战中，项羽活捉了周苛，写项羽时，李观用"项氏毅然鹰瞵，爨大鼎于宇下"，"项氏恚公之不屈，而耻其诡己，怒声如虎。指左右捽公于沸鼎"。写周苛时，李观用："公怒甚，色作，视羽而咳之"，"公奋身不顾，蹈鼎而卒"。此类文字是对人物神态的刻画，栩栩如生地凸显了项羽的急躁和周苛的镇定两种对比鲜明的性格特征，重现了历史画面，使人如临其境。在叙述完周苛就义的整个过程后，李观议论道："糜躯冀于不朽者，在乎立节，在乎显主。主显节立，独苛有之。与夫由于受戈宏演内肝不殊也。初苛杀魏豹，可谓无人薄我，及死项氏，岂非临难不苟免耶?"（李元宾 a，1830：卷一，七叶）整篇文章把议论建立在叙述之上，有叙有议，能够使读者对周苛的认识既全面又深刻。

有时，李观并不专门发表意见，不直接表明态度，只借文中有关人物之口说出具有倾向性的评论，例如《辨曾参不为孔门十哲论》这篇文章，层层辩驳，论据有力，论证严密。为了不打乱整篇文章的逻辑，李观巧妙地借"或者"之言，表明自己这样的观点："而参不敬其事矣，不能冒义背利矣！乃孝其孝矣，非孝也！"（李元宾 a，1830：卷六，二—三叶）这样既不干扰事件的叙述，又可以表达自己的观点，这种寓褒贬于记叙文中的写作手法是令人耳目一新的。

五　善用典故

唐代在汉语发展史上意义重大，它上承上古汉语、中古汉语，下启近代汉语、现代汉语，是汉语史上的重要环节。作为一种过渡时期的语言，唐代语言是汉语史研究的重要组成部分。前贤多把唐诗和敦煌文献的考释作为研究唐代语言的依据，忽视了对其他文体的考察。诚然，研究此类口语性较强的文献十分必要。然而，语言的断代研究要尽可能全面地对这一时期的语言现象进行调查研究和静态描写，这样才能较为真实地反映当时的语言面貌，有助于总结语言发展规律。所以，在把主要精力放在口语性较强的某些唐诗和敦煌文献的同时，一些口语性不是很强，但在一定时期起了相当大作用，包含着相当价值的语言现象的散文文体也不容忽视。散文不拘泥于形式，叙事抒情多是对社会政治生活的真实反映。尤其是散文中的典故词语，较少受到其他限制，最能够与内容密切结合，是进行唐代研究的绝好语料，而运用传统训诂学中的形训、声训等传统训诂方法是无法训释典故词语的，因此，典故词语需要进行专门研究。唐代散文所讲求的"无一字无来历",在李观的散文中体现得极为明显。他精于用典,深受先秦两汉经典性文献的影响,作品中涉及大量的典故词,能够根据语言表达的需要,驱遣经史百家,推陈出新,在用词上就形成了自己独特的古朴雅正的语言风格。

(一)　典故、用典、典故语词

"典故"一词,被收入多部辞典。有的解释为:"诗文中引用的古代故事和有来历出处的词语"(《辞源》,1979:318);有的解释为:"诗文中引用的古代故事和有来历出处的词语"(《辞海》,1999:831);有的解释是:"诗文等作品中引用的古代故事和有来历出处的词语。"(《汉语大词典》,1988:114)综合各辞典的解释,可把"典故"概括为:指人们在口头上或书面里所引用的古代故事、传说和有来历、有派生义的词句。典故的特征在于它的古典性和故实性。一般来说,典故都有故事,也称"事典"。有的典故不是出自一个故事,而是由文章中的某一句话演变而来的,称作"语典"。典故是浓缩的信息,经由创作者的心理改造之后,融入现实语境,以简驭繁,可以达到借古情发己思、明己意的目的和言约义丰、辞微旨隐的艺术效果,因此,典故的妙用能够极大地扩展读者的想象世界。典故重义轻形,往往没有固定的格式,表现出相当大的随意性和灵活性,所以同一个典故可以有多种语词表现形式。

所谓用典指在写诗作文时借用典故来表情达意的行为方式,也是深受历代文人喜好的一种文学创作技巧。运用到文章中的典故,能够和作者所要描述的对象和表达的事理联系起来,等同于刘勰的《文心雕龙》中所谓的"事类",即"事类者,盖文章之外,据事以类义,援古以证今者也"(刘勰,1986:339)。其动因在于人类的仿同心理,这是传统诗文用典的最普遍的原因。小至个体,大至历史,都在重复,在轮回。相似背景下的类似遭遇使人类异世同慨,反映在文学创作中,作者就易引古以论今,借他人酒杯浇自己块垒。唐人多以汉喻唐,就是心理上的汉唐仿同,是用典的一种表现形式。唐代文人注重用典,乐于用典,也与这个时代在思想领域里的崇尚有关,其原因如下:其一,儒家思想影响。封建中国,适应宗法制家族关系的需要,儒家思想长期处于主导地位。圣人、贤者和君子成为儒家理想观照下的最高标准,所以圣贤和权威的典籍引用起来就显得底气十足。其二,复古思想冲击。当尊古崇圣的思想意识渗透到诗文创作中时,便表现出一种怀古情愫,通过用典可以借古讽今或托古喻今。

其三，创作作品的需要。用典是加深作品内涵，增强作品表现力的一种重要手段，不但可为诗文提供客观的依据，也能够使作品旨远而意深，从而增加了作品的可读性和可感性。权威性的典籍还可以使议论文更具说服力，从而得到社会的认可。借古可证今，借古也可明今，这使引经据典成为一种常用的写作方法。其四，社会风气使然。文人本身深厚的文化积淀以及文人注重个人才学的风尚，促成了扬才使气、以典入文的风气。唐朝广开科举考试，网罗大批有才华的学士。他们对四书五经等圣贤之书倒背如流，导致他们在创作诗文的时候，圣贤书中相似的情境和人事就会自觉或不自觉地在头脑中显现。用典的多寡被看作学识深浅的表现，也被当作炫耀个人才学的方式。因为只有饱读古书，积淀厚重的人，用典时才可信手拈来又不着痕迹，运用自如而又左右逢源。所以，用典被认为比对仗、声韵更显才学，因此成为竞相运用的方式。其五，与崇尚形式美的审美风尚有关。典故可以适应某些格律的需要，增加文章的韵律感，可使文章流光溢彩、古色古香。最后但绝非最不重要的一点，在于语言自身的规律，即语言的经济原则，这是语言自身发展的需要。典故能寓言外之意于词语间的特点，正好适应了这种原则。成功的用典都是如同己出，不为用典而用典，典故与内容之间能够表里合一。总之，创作者乐于用典的原因，在于典故的切入可使语篇内蕴丰富、典雅厚重，这同时也是用典可以达到的效果。

用典贵在妥帖，不可过滥。若议论必稽古，遣词必用事，而不考虑文章内容的充盈，就会泥古不化，使诗文晦涩难通。需要指出的是，用典不单纯是陈列典故，作者用典的目的往往是代替自己要说的话或者用来作自己观点的论据，以便更好地行文达意，所以，分析用典还要考虑典故和作者描述的对象和要阐明的事理之间的逻辑联系。

在用典过程中，受篇幅所限，通过提炼关键、压缩语句得到的能够概括提示典故的精练的词或短语被称为典故语词。由于典故语词的意义来源于典源材料，典故语词一旦离开典源语境就易产生误解甚至根本无法理解，所以，在给典故语词释义时，必须了解该语词的典源。明其源，方能解其典。需要注意的是，典故语词虽然大多比较形象，但是典故语词释义绝不能单看其字面意思，这是因为典故语词是从一个叙事语段或篇章压缩而来，典故语词是取典故的因素构成词素，词义往往凝结着整个典故的含义，而字数的限制使得所撷取的典故因素往往是片面的，也使典故本身与概括之后所形成的文字形式之间的关系往往比较隐晦，使得典故语词语素只提供典故的某些线索，并不能完整反映出典故原貌，只能让人感受到一部分典源事实。运用到具体的语境中，相同的典故会有不同的词语表现形式，这与作者运用典故的角度和所要表达的内容有直接的关系。典故语词有特定的文化背景，集中反映了中国传统文化，蕴涵着中华民族多种文化意识和文化现象，是解读文学的钥匙和映射文化的镜子。

总之，典故、用典、典故语词三者有密切的联系，概括来说，典故为因，典故语词为果，用典则是由因向果的必经过程。

（二）李观诗文的典故语词研究

《李元宾文集》同中唐时期的其他古文一样，崇古重史，较多地受到了前代典籍的影响，尤其是先秦诸子百家和史书的影响，在文中使用了各种各样的典故。其中一部分凝固成了双音词，另一部分则表现为相对稳定的短语。只有熟悉了作品中典故语词的来源及其深层含义，才能了解作者的使用动机和象征含义，所以，对此部文集典故语词的释读是十分必要的。

1. 典故语词释读

李观诗文包括四十九篇古文，共分六卷。四首诗附在卷五之后。为方便检索，我们给各篇文章加了编号，列在各篇文章之后，用括弧标明。编号分为两节，前者为卷数，后者为文章在全书中的序号。对那些过于简单明白，显然构不成读者阅读障碍的典故语词，如周武、汉氏等，这里予以省略。下面笔者按照在文集中出现的先后顺序，对《李元宾文集》中出现的典故语词举例注释说明。

（1）《郊天颂》："蓂尧于华封，小舜于泰山。"（1/1）

【华封】"华封三祝"的省称。出自《庄子·天地》："尧观乎华。华封人曰：'嘻，圣人，请祝圣人。''使圣人寿。'尧曰：'辞。''使圣人富。'尧曰：'辞。''使圣人多男子。'尧曰：'辞。'封人曰：'寿、富、多男子，人之所欲也。女独不欲，何也？'尧曰：'多男子则多惧，富则多事，寿则多辱。是三者，非所以养德也，故辞。'"（陈鼓应，1983：306）意思是帝尧巡守于华，封人祝颂尧多寿，多富，多生男子。尧对此奉承皆加以拒绝。这里用作祝颂郊祀之典。

（2）《斩白蛇剑赞》："斩白帝于泽，升赤龙于云，然后安绎骚乎荒屯。"（1/2）

【白帝】《史记·高祖本纪》载：汉高祖夜醉，将泽中蛇斩为两段，有一老妇哭道："吾子，白帝子也，化为蛇当道。今为赤帝子斩之，故哭。"（司马迁，1959：347）白帝子指嬴秦，赤帝子指刘邦。赤帝是火，白帝是金，火克金。此为五德相克下的附会之说，以显示高祖代秦而起，乃天命所归。

【赤龙】《史记·高祖本纪》："高祖以亭长为县送徒郦山，徒多道亡。自度比至皆亡之，到丰西泽中，止饮，夜乃解纵所送徒……高祖被酒，夜径泽中，令一人行前。行前者还报曰：'前有大蛇当径，愿还。'高祖醉，曰：'壮士行，何畏！'乃前，拔剑击斩蛇。蛇遂分为两，径开。行数里，醉，因卧。后人来至蛇所，有一老妪夜哭，人问何哭……妪曰：'吾子，白帝子也，化为蛇当道。今为赤帝子斩之，故哭。'人乃以妪为不诚，欲告之，妪因忽不见。"（司马迁，1959：347）这里用为咏汉高祖之典。

（3）《项籍碑铭并序》："风从虎，云从龙。"（1/3）

【风从虎，云从龙】也作"云从龙，风从虎"。《易·乾卦》："同声相应，同气相求。水流湿，火就燥，云从龙，风从虎，圣人作而万物睹。"孔颖达疏："龙是水畜，云是水气，故龙吟则景云出，是'云从龙'也。虎是威猛之兽，风是震动之气，此亦是同类相感，故虎啸则谷风生，是'风从虎'也。"（余培德，2004：52）这里比喻时势的际遇，英雄的聚会。

（4）《项籍碑铭并序》："浮江而西，有壮士八千人枹鼓于舟中。"（1/3）

【壮士八千人】即"八千子弟"。《史记·项羽本纪》："籍所击杀数十百人。一府中皆慑伏，莫敢起……遂举吴中兵。使人收下县，得精兵八千人。"（司马迁，1959：297）秦朝末年，项梁、项羽叔侄在会稽郡起兵反秦，得江东子弟八千人是其基本的骨干队伍，至垓下兵败，全部丧亡。这里用为咏项羽起事之典。

（5）《项籍碑铭并序》："遂号百胜之师，趣累卵之危。"（1/3）

【累卵之危】《史记·范雎蔡泽列传》："已报使，因言曰：'魏有张禄先生，天下辩士也。曰：秦王之国危于累卵，得臣则安，然不可以书传也。臣故载来。'"唐张守节正义引《说苑》："晋灵公造九层之台，费用千金，谓左右曰'敢有谏者斩'。荀息闻之，上书求见。灵公张弩持矢见之，曰：'臣不敢谏也。臣能累十二博棋，加九鸡子其上。'……荀息正颜色，定志意，以棋子置下，加九鸡子其上……公曰：'危哉，危哉！'"（司马迁，1959：2403）战国时，晋国大臣荀息以累十二枚棋子，上面再加累九颗鸡蛋的办法让晋灵公省悟造九层高台，三年完不成，男不得耕，女不得织，国家资财用光，邻国乘机来攻，晋国的处境才是更危险的。这里用为处境极危险之典。

（6）《项籍碑铭并序》："荥阳之围，纪信焚；广武之守，伤其胸。"（1/3）

【纪信焚】也作"纪信蹈火"。《史记·项羽本纪》载：项羽出兵围困汉王刘邦于荥阳之时，"汉将纪信说汉王曰：'事已急矣，请为王诳楚为王，王可以间出。'于是汉王夜出女子荥阳东门被甲二千人，楚兵四面击之。纪信乘黄屋车，傅左纛，曰：'城中食尽，汉王降。'楚军皆呼万岁。汉王亦从数十骑从城西门出，走城皋。项王见纪信，问：'汉王安在？'信曰：'汉王已出矣。'项王烧杀纪信。"（司马迁，1959：326）纪信用金蝉脱壳之计，诳骗项羽，为刘邦捐生，使汉王脱险。此典喻杀身成仁的英雄。

（7）《项籍碑铭并序》："楚歌夜闻，哀泣垂绖。"（1/3）

【楚歌夜闻】也作"四面楚歌"。《史记·项羽本纪》："项王军壁垓下，兵少食尽，汉军及诸侯兵围之数重。夜闻汉军四面皆楚歌。项王乃大惊曰：'汉皆已得楚乎？是何楚人之多也！'"（司马迁，1959：333）这里比喻四面受敌、孤立无援的处境。

（8）《项籍碑铭并序》："然始解马于舟子，结缨于死地，痛矣！"（1/3）

【结缨】《左传·哀公十五年》载：春秋末年，卫灵公之子蒯聩，因得罪了灵公的宠姬南子而逃到国外，未立为国君。后来，他与姊孔伯姬合谋，胁迫孔悝，发动了针对卫出公辄的夺权斗争，这就是历史上所说的"孔悝之乱"。仲由不从蒯聩，单独一人找到蒯聩，要他停止作乱，惩办孔悝，不然的话就要放火焚烧当时蒯聩等所居之台。"大子闻之，惧，下石乞、孟黡敌子路，以戈击之，断缨。子路曰：'君子死，冠不免。'结缨而死。孔子闻卫乱，曰：'柴也其来，由也死矣。'"（杨伯峻，1981：1696）表示临难不苟，从容而死。这里以此称道为殉其职而勇于牺牲的精神。

（9）《周苛碑并序》："昔天丧水德，未有受命者。"（1/5）

【水德】《史记·秦始皇本纪》："始皇推终始五德之传，以为周得火德，秦代周德，从所不胜……更名河曰德水，以为水德之始。"（司马迁，1959：237）秦始皇统一天下后，认为周为火德，秦灭周是水德，黄河应改名为德水。这里用为指秦朝之典。

（10）《周苛碑并序》："不即倒戈请命。"（1/5）

【倒戈】也作"倒载"。《左传·宣公二年》载："宣子田于首山，舍于翳桑，见灵辄饿，问其病。曰：'不食三日矣。'食之，舍其半。问之，曰：'宦三年矣，未知母之存否，今近焉，请以遗之。'使尽之，而为之箪食与肉，置诸橐以与之。既而与为公介，倒载以御公徒，而免之。"（杨伯峻，1981）这里用为士兵背叛之典。

（11）《周苛碑并序》："天人含怒，噍类不留。"（1/5）

【噍类不留】也作"无噍类"。《汉书·高帝纪上》记载：人称项羽为人剽悍祸贼，尝攻襄城，襄城无噍类，所过无不惨灭。《史记·高祖本纪》："襄城无遗类。"裴骃集解引如淳曰："类无复有活而噍食者也。青州俗言无子遗为无噍类。"（司马迁，1959：356）这里用为战乱危害之典。

（12）《大夫种铭并序》："夫周公孔子圣人也，尚有《彼妇》之歌，《鸱鸮》之诗，矧乎其下人乎？"（1/6）

【《鸱鸮》】《尚书·周书·金滕》载：武王丧，管叔及其群弟流言于国，曰："公将不利于孺子。"周公告二公曰："我之弗辟，我无以告我先王。"周公居东二年，则罪人斯得。于后，公乃为《鸱鸮》诗以诒王，王未敢诮公。《诗·豳风·鸱鸮·序》说周公摄政时，遭到恶人诽谤，他写了《鸱鸮》诗给成王，描述一只母鸟受到迫害，经营巢窠的辛苦和目前境况的艰危。这里用为忠良遭诬陷猜疑之典。

（13）《大夫种铭并序》："鸱夷知几，浩然乘桴。"（1/6）

【知几】《易·系辞下》记载：知几其神乎！君子上交不谄，下交不渎，其知几乎？几者，动之微，吉凶之先见者也。君子见几而作，不俟终日。原意是：事物发展的趋向和吉凶，总会有细微的征兆，君子能认识和把握这种先兆，故而达到高超的境界。用来形容道德修养高深的人能洞察事物发展的趋势，采取顺应时势的行动。

（14）《古受降城铭并序》："非六月之师，异瑶池之游，云挠雷厉，风行川浮。"（1/7）

【六月之师】《诗经·小雅·六月》："六月棲棲，戎车既饬。"《六月·序》："《六月》，宣王北伐也。"此是《六月》诗首章前二句，《六月》小序云是咏"宣王北伐"，这里用作咏王师出征之典。

（15）《东渭桥铭并序》："鞭石既劳，架鼋更危。"（1/8）

【鞭石】是"鞭石出血"的省写。唐欧阳询等编修《艺文类聚》卷六引《三齐略记》载：秦始皇作石塘，欲过海看日出处。时有神人，能驱石下海，石去不速，神辄鞭之，皆流血，至今悉赤。阳城山石尽起立，巍巍东倾，状如相随行。南朝梁任昉《述异记》亦有此说记载。这个近似神话的故事，反映了秦始皇骄横残暴，为所欲为的性格。这里用以比喻雄奇神威而又恣肆的行为。

【架鼋】又作"假鼋鼍"。《竹书纪年》载：周穆王三十七年，伐楚，大起九师，至于九江，比鼋鼍为梁。这里用为咏桥梁之典。

（16）《东渭桥铭并序》："不见钓璜，不遭坠履。"（1/8）

【钓璜】梁沈约《宋书·符瑞志上》："王至于磻溪之水，吕尚钓于涯，王下趋拜曰：'望公七年，乃今见光景于斯。'尚立变名答曰：'望钓得玉璜，其文要曰：姬受命，昌来提，撰尔雒钤报在齐。'"（沈约，1974）后来吕尚果然受到重用。这里以之喻瑞应，作为交好运受器重的征兆。

【坠履】汉贾谊《新书·谕诚》："昔楚昭王与吴人战，楚军败，昭王走，屦决，背而行，失之。行三十步，复旋取屦。及至于隋，左右问曰：'王何曾惜一踦屦乎！'昭王曰：'楚国虽贫，岂爱一踦屦哉？思与偕反也。'自是之后，楚国之俗无相弃者。"（阎振益、钟夏，2000：280）楚昭王不弃踦屦的行为意在表明：虽然战败，也愿与自己的部队一同回到楚国去，甚至连一物也不愿丢给敌人。以此显示出其惜旧物、爱士卒，同舟共济的精神。这里用为不忘故旧的典故。

（17）《故人墓铭并序》："神农初少也，学于老龙吉。"（1/9）

【老龙吉】《庄子·知北游》："妸荷甘与神农同学于老龙吉。神农隐几阖户昼瞑，妸荷甘日中奓户而入，曰：'老龙死矣！'神农拥杖而起，曝然放杖而笑，曰：'天知予僻陋慢诞，故弃予而死。已矣，夫子无所发予之狂言而死矣夫！'"（陈鼓应，1983：578）这里用为咏道家之典，借以哀悼死者。

（18）《故人墓铭并序》："古人有言：'上圣忘情，下不及情，而中

得之。'"（1/9）

【上圣忘情】又作"太上忘情"。南朝宋刘义庆《世说新语·伤逝》："王（戎）曰：'圣人忘情，最下不及情，情之所钟，正在我辈。'"（余嘉锡，1983：638）意为圣人不为情感所动。这里借此语典，引出自己对逝者怀有深厚感情。

（19）《谒夫子庙文》："时得之而序行，天下得之而大同。……七十之徒，亦公亦侯，外如君臣，内实讨论。……其既生也，遇三季之会，飘摇湮沦。……及相鲁而有喜色，去宋而曰桓魋，其如予何？"（2/12）

【七十之徒】《孟子·公孙丑上》载：以德服人者，中心悦而诚服也，如七十子之服孔子也。《史记·仲尼弟子列传》："孔子曰：'受业身通者七十又七人'，皆异能之士也。"（司马迁，1959：2185）又见于《孔子世家》："孔子以诗书礼乐教，弟子盖三千焉，身通六艺者七十有二人。"（司马迁，1959：1938）孔子的门生有三千人之多，但有名的贤者只有七十二人，概称"七十人"。用为喻孔门弟子之典，也可借喻门生。

【桓魋】《史记·孔子世家》："孔子去曹适宋，与弟子习礼大树下。宋司马桓魋欲杀孔子，拔其树。孔子去。"（司马迁，1959：1921）后以"桓魋欲杀孔子"用为仁人君子遭人仇恨遇险之典。

（20）《谒夫子庙文》："秦人烧书，文之衰也；帝唐爵王，德之兴也。"（2/12）

【秦人烧书】来源于"焚书坑儒"。《史记·秦始皇本纪》载：始皇三十四年，丞相李斯针对"今诸生不师今而学古，以非当世，惑乱黔首"，向秦始皇建议："臣请史官非秦记皆烧之，非博士官所职，天下敢有藏《诗》《书》、百家语者，悉诣守、尉杂烧之，有敢偶语《诗》《书》者弃市。以古非今者族。吏见知不举者与同罪。令下三十日不烧，黥为城旦。所不去者，医药、卜筮、种树之书。"（司马迁，1959：255）秦始皇采纳了李斯的建议，除秦记、医药、卜筮、种树书籍外，尽焚百家之书。又：始皇三十五年，秦王求仙药不得，侯生、卢生等又都逃亡，"于是使御史悉案问诸生，诸生传相告引，乃自除。犯禁者四百六十余人，皆坑之咸阳"（司马迁，1959：258）。借指焚毁书籍，残害文人的文化专制手段。

（21）《哀吴邱子文》："古之道穷者，接舆则歌，吾邱子则哭。"（2/13）

【接舆】《论语·微子》："楚狂接舆歌而过孔子曰：'凤兮凤兮，何德之衰？往者不可谏，来者犹可追。已而已而，今之从政者殆而！'孔子下，欲与之言。趋而避之，不得与之言。"（杨伯峻，1980：193）"接舆"成为不满现实，佯狂处世的隐士的代称，用来抒发牢骚，或表示自己甘于隐匿的思想。

（22）《哀吴邱子文》："三者人皆遂之，则鲁曾参、卫史鱼、齐管夷吾，皆其遂者也，予独负之。"（2/13）

【卫史鱼】《论语·卫灵公》："子曰：'直哉史鱼！邦有道，如矢；邦无道，如矢。'"（杨伯峻，1980：163）史鱼是春秋时卫国的大夫，正直不阿，敢于谏诤。孔子赞扬他在政治清明时忠心任职，像箭一样正直；政治黑暗时则忠言进谏，也像箭那样正直。用为颂扬直臣之典。

（23）《哀吴邱子文》："言于黔娄、柳下惠，必为之感激；言于伯阳、啮缺，必谓之不通。"（2/13）

【黔娄】汉刘向《列女传·鲁黔娄妻》记载黔娄妻评价她夫君的一段话：君尝欲授之政，以为相国，辞而不为；君尝赐之粟三十钟，先生辞而不受。称赞她的夫君能甘天下之淡味，安天下之卑位，不戚戚于贫贱，不欣欣于富贵。又晋皇甫谧《高士传·黔娄先生》载：齐人黔娄先生修身清节，先是鲁恭公赐粟三千钟，欲以为相，辞不受。后齐王又礼之，以黄金百斤聘为卿，又不就，终身不屈，以寿终。后以"黔娄"作为安贫乐道，不追求名利的典型。又常以"黔娄"比喻贫士。

（24）《吊监察御史韩弇没蕃文》："白珪之玷，唾掌可保。激鲁阳之勇，叹典属之老。"（2/14）

【鲁阳之勇】《淮南子·览冥》记载：周武王的部下鲁阳公愈战愈勇，眼看到日落时分，他举起长戈向太阳挥舞，太阳倒退了三舍，又恢复光明，助鲁阳公全歼敌军。"一舍"为三十里；又一说，二十八宿，一宿为一舍。鲁阳公奋力挥戈，竟可以改变昼夜的运行。这个典故喻人力胜天或英雄志士能扭转危局。

【典属之老】《汉书·苏建传》附《苏武传》：苏武出使匈奴，被拘禁十九年，回到汉朝后，"拜为典属国，秩中二千石"。"初桀、安与大将军霍光争权，数疏光过失予燕王，令上书告之。又言苏武使匈奴二十年不降，还乃为典属国，大将军长史无功劳，为搜粟都尉，光颛权自恣"。（班固，1997：2647）汉武帝时，苏武出使匈奴，历尽千辛万苦，坚守气节，誓不投降，然而归国之后，仅薄封为一个典属国的小官。后用为咏寄寓功高封薄感慨之典。

（25）《泾州王将军文》："少卿生降，苏武老归，窦宪出师，曷如将军之亡哉？"（2/15）

【苏武老归】《汉书·苏武传》："律知武终不可胁，白单于。单于愈益欲降之，乃幽武置大窖中，绝不饮食。天雨雪，武卧啮雪与旃毛并咽之，数日不死，匈奴以为神，乃徙武北海上无人处，使牧羝，羝乳乃得归。别其官属常惠等，各置他所。武既至海上，廪食不至，掘野鼠去中实而食之，仗汉节牧羊，卧起操持，节旄尽落。"（班固，1997：2462—2463）汉中郎将苏武，奉汉武帝之命，持节出使匈奴，被扣留。他坚持节操，誓死不降。匈奴以冻饿折磨他，他啮雪吞毡，坚定刚毅，十九年历尽艰辛，后终归汉室，引为咏坚持气节的典故。

【窦宪出师】《后汉书·窦融传》附《窦宪传》："宪惧诛，自求击匈奴以赎死。会南单于请兵北伐，乃拜窦车骑将军，金印紫绶，官属依司空，以执金吾耿秉为副，发北军五校、黎阳、雍营、缘边十二郡骑士及羌胡兵出塞。……与北单于战于稽落山，大破之。"（范晔，1997：814）后汉车骑将军窦宪，北讨匈奴，大破之，立功勒铭返朝。用为咏统帅之典。

（26）《周穆王八骏图序》："世说周穆王驾八骏，日会王母于瑶池，从群仙而游。"（2/16）

【八骏】相传为周穆王的良马，乘之能周行天下。八马的名称有绝地、翻羽、奔宵、越影、逾辉、超光、腾雾和挟翼，见《列子》和《穆天子传》。一般用来泛指骏马，或咏史怀古，或歌颂帝王威仪、功业。

（27）《说新雨》："惠于鲁而巫尪止焚，溢于河而夸父不蹶。"（2/17）

【巫尪】《左传·僖公二十二年》："夏，大旱。公欲焚巫、尪。"（杨伯峻，1981：390）杜预注：巫尪，女巫也，主祈祷请雨者，或以为尪非巫也，瘠病之人，其面上向，俗谓天哀其病，恐雨入其鼻，故为之旱，是以公欲焚之。"巫尪"为女巫，主持祈祷求雨之事，或说为瘠病之人。鲁僖公为求雨救旱，曾欲焚巫尪，被劝阻。用作求雨的典故。

【夸父逐日】《山海经·海外北经》："夸父与日逐走，入日；渴，欲得饮，饮于河、渭；河、渭不足，北饮大泽。未至，道渴而死。弃其杖，化为邓林。"（袁珂，1980：238）这个神话故事，反映了我国古代劳动人民征服自然的坚强决心，表现出牺牲自身造福于后世的崇高品质。比喻追求进取的壮举。

（28）《说新雨》："八元挺立，相与而议。"（2/17）

【八元】《左传·文公十八年》："高辛氏有才子八人，伯奋、仲堪、叔献、季仲、伯虎、仲熊、叔豹、季狸，忠、肃、共、懿、宣、慈、惠、和，天下之民谓之八元。"（杨伯峻，1981：637）孔颖达疏：元，善也，言其善于事也。相传上古的时候，高辛氏时八位最有才德、最会治事的人。后世用作称美显达有德者的颂语。

（29）《交难》："昔夷吾九合之策，知者不孤。巨卿千里之哭，今人则无。石父解缚于齐相，智罃负惭于贾夫。贾夫信微，其可及乎。"（2/18）

【九合之策】《论语·宪问》："桓公九合诸侯，不以兵车，管仲之力也。如其仁，如其仁。"（杨伯峻，1980：151）《史记·齐太公世家》记载桓公自己九合诸侯，一匡天下。又晋悼公也曾九合诸侯。《左传·襄公十一年》也记载齐桓公重用管仲，内政修明，曾九合诸侯，成为春秋时的霸主。晋悼公也曾九合诸侯，由于业绩不如齐桓公辉煌，故"九合诸侯"多指齐桓公事，后用为咏霸主业绩的典故。

【石父】又称"越石父"。春秋时齐国贤人。齐相晏婴解左骖赎之于缧绁之中，归而久未延见，越石父以为辱己，要求绝交，晏婴谢过，延为上客。见《晏子春秋·内篇杂上》（吴则虞，1962）这里用作咏贤人之典。

（30）《交难》："耳馀之初，刎颈慨然。"（2/18）

【刎颈】《史记·廉颇蔺相如列传》："相如曰：'夫以秦王之威，而相如廷叱之，辱其群臣，相如虽驽，独畏廉将军哉？顾吾念之，强秦之所以不敢加兵于赵者，徒以吾两人在也。今两虎共斗，其势不俱生。吾所以为此者，以先国家之急而后私仇也。'廉颇闻之，肉袒负荆，因宾客至蔺相如门谢罪，曰：'鄙贱之人，不知将军宽之至此也。'卒相与欢，为刎颈之交。"（司马迁，1959：2443）这里以刎颈借指生死不渝的情谊。

（31）《苦雨赋》："尧之代九州沦胥，汤之代天下焚如。"（2/20）

【焚如】是"焚如之祸"的省写。《易·离》："突如其来如，焚如，死如，弃如。"王弼注："其明始进，其炎始盛，故曰焚如。"（余培德，

2004）这里以焚如谓遭受火烧的灾祸。

（32）《授衣赋》："生不工于机杼，意颇妙于刀尺。"（2/21）

【授衣】《诗经·豳风·七月》中有七月流火，九月授衣。毛传解释：火，大火也。流，下也。九月霜始降，妇功成，可以授冬衣矣。这里用为咏分发寒衣之典。

【刀尺】《晋书·李含传》：晋直臣李含，官秦国郎中令，因不谄事权臣受到尚书赵浚、大中正傅祗、中正庞腾挟嫌陷害。中丞傅咸为此上表："见含为腾所侮，谨表以闻，乞朝廷以时博议，无令腾得妄弄刀尺。"（房玄龄，1997：1613）刀尺，是以剪裁和尺量为喻，指称衡量升降人才的权力。庞腾妄害直臣，故傅咸指出不要让他妄弄刀尺。

（33）《授衣赋》："岂不为连蹇雌伏，遭回守株？"（2/21）

【守株】是"守株待兔"的省称。《韩非子·五蠹》："宋人有耕者，田中有株，兔走触株，折颈而死，因释其耒而守株，冀复得兔，兔不可复得，而身为宋国笑。今欲以先王之政，治当世之民，皆守株之类也。"（王先慎，1998：442—443）韩非举宋人"守株待兔"的故事为例，目的在于讽刺批判儒家崇古"法先王"的主张。后因以比喻不知变通，死守狭隘经验，妄想不经过主观努力而侥幸取得成功的愚蠢行为。

（34）《与处州李使君书》："哀鸣吴坂之侧，翘思魏阙之下，自绝弦，知音遂稀。"（3/22）

【知音】《列子·汤问》："伯牙善鼓琴，钟子期善听。伯牙鼓琴，志在登高山。钟子期曰：'善哉！峨峨兮若泰山！'志在流水。钟子期曰：'善哉！洋洋兮若江河！'"（杨伯峻，1979：178）子期死，伯牙绝弦，以无知音者。这里借此典故代指朋友或同道。

（35）《与处州李使君书》："故踌躇而止，却入圭窦。"（3/22）

【圭窦】又作"筚门圭窦"。《左传·襄公十年》："筚门闺窦之人而皆陵其上，其难为上矣。"（杨伯峻，1981：983）筚门指用荆条或树枝等编成的柴门。圭窦是说在墙上挖的上尖下方像圭玉形状的门洞，后以筚门圭窦形容住室极其简陋，多为贫者之居。这里代指李观穷居之所。

（36）《与处州李使君书》："观久负百丈气表，五车笔锋，而困于艰窭，不克奋发。"（3/22）

【五车】《庄子·天下》："惠施多方，其书五车，其道舛驳，其言也不中。"（陈鼓应，1983：887）庄子的本意是说他的朋友惠施学识渊博，家中书籍很多。这里李观用"五车"形容自己读书多，学问渊博。

　　（37）《贻睦州纠曹王仲连书》："此生真木人石心，得及今日。"（3/23）

　　【木人石心】《晋书·夏统传》："统危坐如故，若无所闻，充等各散曰：'此吴儿是木人石心也。'"（房玄龄，1997：2430）夏统有才思，善论辩，是个孝子，不肯出而为官。一次偶然的机会见到太尉贾充，贾充为使夏统出来做官，想用声色打动他，于是出动了他的仪仗、乐队和歌女，在夏的船边绕了三圈，夏统仍不为所动。这里用"木人石心"比喻朱利见意志坚定，不受外物诱惑。

　　（38）《贻睦州纠曹王仲连书》："观与朱生，胡越之间耳，但念同类，非私朋好，犹祁奚为言，朱博代讼，以彼方此，今犹昔也。且朱生有三寸之喙，近百中之手，交必尽节，义能捐躯，才名之人，多与为友。"（3/23）

　　【祁奚为言】又称"祁奚之举"。据《左传·襄公三年》和《国语·晋语》记载：祁奚为春秋时晋国人，悼公时为中军尉，老而请退。悼公问其可继之人，奚推荐仇人解狐，狐不及继而死，又荐自己的儿子祁午，当时人赞奚外举不避仇而内举不避亲。

　　【三寸之喙】又称"三寸之舌"。《史记·平原君虞卿列传》："毛先生以三寸之舌，强于百万之师。"（司马迁，1959：2368）舌为人类使用语言的重要器官，舌做灵活运动，能够发出各种声音。以此形容能言善辩，极有口才。

　　（39）《与吏部奚员外书》："年二十六七之侧，始合游人间，求随武子、郭林宗之俦，以为行媒。"（3/24）

　　【武子】《晋书·王浑传》附《王济传》："济字武子。少有逸才，风姿英爽，气盖一时……起为骁骑将军，累迁侍中，与侍中孔恂、王恂、杨济同列，为一时秀彦。"（房玄龄，1997：1205）这里以"武子"用作咏才华出众之人的典故。

　　（40）《与吏部奚员外书》："而观独务刻鹤之末，希有因骥之力，亦何异弋者守空罝，行路喜遗契哉？"（3/24）

　　【刻鹤】一作"刻鹄"。《后汉书·马援传》："效伯高不得，犹为谨敕之士，所谓刻鹄不成尚类鹜者也。效季良不得，陷为天下轻薄子，所谓画虎不成反类狗者也。"（范晔，1997：845）用以比喻仿效虽然不太逼真，但还相似，事与愿尚且不相违背。此为李观自谦之辞。

【行路喜遗契】又称"得人遗契"。《列子·说符》："宋人有游于道，得人遗契者，归而藏之，密数其齿。告邻人曰：'吾富可待矣。'"（杨伯峻，1979：271）这里讽刺自己是把赌注全下在不切实际的主观幻想上，企图不劳而获、坐享其成的人。

（41）《与吏部奚员外书》："观是以益忧之，加复入此月，夏草尽绿，朔风之情起，白华之恋切，无衣之累叹，偏在遥夕，倚庐之永念，频入愁梦，乃既明发，气泪呜咽。"（3/24）

【白华】《诗经·小雅》佚篇《白华》诗序中记载：《白华》，孝子之洁白也……有其义而亡其词。这里用为咏孝亲之典。今《诗经·小雅》中另有《白华》篇，内容与此不同。

（42）《与吏部奚员外书》："昨者有《放歌行》一篇，拟动李令公徼数金之恩，不知宰相贵盛，出处有节，埽门之事，不可复迹。"（3/24）

【埽门】亦作"扫门"。《史记·齐悼惠王世家》："魏勃父以善鼓琴见秦皇帝，及魏勃少时，欲求见齐相曹参，家贫无以自通，乃常独早夜埽齐相舍人门外。相舍人怪之，以为物，而伺之，得勃。勃曰：'愿见相君，无因，故为子埽，欲以求见。'于是舍人见勃曹参，因以为舍人。一为参御，言事，参以为贤，言之齐悼惠王。悼惠王召见，则拜为内史。"（司马迁，1959：2004）魏勃为见曹参，家贫没有办法，只得以"扫门"的劳作来讨好看门人，以求其帮助谒见。这里用作求谒权贵的典故。

（43）《与右司赵员外书》："二之日持无似之文，干有名者数公，望其刮目以鉴真，作致身之椎轮，客去门掩，然以寥寂无言。"（3/25）

【刮目以鉴真】亦称"刮目相待"。《三国志·吕蒙传》裴松之注引《江表传》："蒙始就学，笃志不倦，其所览见，旧儒不胜。后鲁肃上代周瑜，过蒙言议，常欲受屈。肃拊蒙背曰：'吾谓大弟但有武略耳，至于今者，学识英博，非复吴下阿蒙。'蒙曰：'士别三日，即更刮目相待。大兄今论，何一称穰侯乎。'"（陈寿，1997：1275）吕蒙是吴国名将，孙权劝他读书涉猎古今，他从此刻苦学习，后大有长进。这里用"刮目以鉴真"形容李观期望得到名士对他的肯定与推荐。

（44）《与右司赵员外书》："由是天球减价而丧色，镆铘不宝而夺锐。减价者却委以椟中，不宝者未倚于天外。……以观视数公，则皆师延之馀

音，况能爱世人之蝇蚊乎？"（3/25）

【不宝者未倚于天外】指"倚天剑"。宋玉《大言赋》："方地为车，圆天为盖，长剑耿介，倚天之外。"（吴广平，2001：107）多用于殷忧国难的主题。这里用来表现英武豪迈的气概。

（45）《与膳部陈员外书》："何者？虑良冶之巧，无消冰之术，镆铘之锐，无补履之用，而因投弃，为代所笑耳。"（3/26）

【镆铘】又作"莫邪"。据《吴越春秋》载，吴人干将，与欧冶子同师俱作剑，前献剑一枚，阖闾得而宝之，使干将造剑二枚，一曰干将；二曰莫邪。事又见《搜神记》卷十一，《列异传》亦载其事，情节稍异。莫邪是干将妻名。干将造出两方宝剑，阳剑命名干将，阴剑命名莫邪。干将匿阳剑出阴剑献于阖闾。献剑前，干将告诉妻子国王发现藏剑后，必然将自己杀死，若生男孩儿，嘱其替父报仇。后来，藏剑之事果然被吴王发现，遂杀干将。干将的儿子长大后，持阳剑干将，在一山中客的帮助下，终于杀死吴王。这里以"镆铘"作为宝剑的代称。

（46）《上陆相公书》："由是越石父不言，齐相曷由加命；韩信不言，滕公曷由奇之哉？"（3/27）

【越石父】见上文【石父】条。这里借此典故说明发表意见的重要。

（47）《上陆相公书》："古者有询于蒭荛，有不耻下问，经垂厥文，不亦懿乎？"（3/27）

【蒭荛】亦作"刍荛"。《诗经·大雅·板》中有文：先民有言，询于刍荛。刍荛是割草打柴的人。"刍荛之言"即草野之人的言论。这里李观用作谦词，代指自己。

（48）《上陆相公书》："故昔汉用张敞召信臣文翁，则理也；用东广，则乱也。"（3/27）

【张敞】《汉书·张敞传》："于是制诏御史：'其以胶东相敞守京兆尹。'自赵广汉诛后，比更守尹，如霸等数人，皆不称职，京师浸废，长安市偷盗尤多，百贾苦之。上以问敞，敞以为可禁。""敞为京兆，朝廷每有大议，引古今，处便宜，公卿皆服，天子数从之。"（班固，1997：3221—3222）汉张敞在宣帝时任京兆尹长达九年，故后称张敞为张京兆，常用为咏京兆尹之典。这里用为贤臣之典。

【文翁】《汉书·文翁传》："文翁，卢江舒人也。少好学，通《春秋》，以郡县吏察举。景帝末，为蜀郡守，仁爱好教化。见蜀地僻陋有蛮夷风，文翁欲诱进之，乃选郡县小吏开敏有材者张叔等十余人亲自饬厉，遣诣京师，受业博士，或学律令，俭省少府用度，买刀布蜀物，赍计吏以遗博士。数岁，蜀生皆成就还归，文翁以为右职，用次察举，官有至郡守刺史者。又修起学官于成都市中，招下县子弟以为学官弟子，为除更繇，高者以补郡县吏，次者为孝弟力田。常选学官童子，使在便坐受事。每出行县，益从学官诸生明经饬行者与俱，使传教令，出入闺阁。县邑吏民见而荣之，数年，争欲为学官弟子，富人至出钱以求之。繇是大化，蜀地学于京师者比齐鲁焉。至武帝时，乃令天下郡国皆立学校官，自文翁为之始云。"（班固，1997：3625—3626）这里用"文翁"为称颂循吏的典故。

（49）《上陆相公书》："昨者卢贾二公，同升台鼎，天下谓贤相公荐贤，莫不欣欣。"（3/27）

【台鼎】古称三公为台鼎，如星之有三台，鼎之有三足。语本汉蔡邕《太尉汝南李公碑》。这里指宰相之典。

（50）《上陆相公书》："窃惟前后相府，多相继踵，咸遗要道，罔思经纶，前化萧何，后法曹参，何多误也？……令骥捕鼠，则何由得也？以剑补履，则无由克也。"（3/27）

【前化萧何，后法曹参】化用自"萧规曹随"。汉扬雄《法言·渊骞》："或问萧曹，曰：'萧也规，曹也随。'"唐李轨注："萧何规创于前如一，曹参奉随于后不失。"（汪荣宝，1987：460）西汉初年，曹参继萧何为相，全部按萧何创建的成规办事。后指按前人的成规办事，可用为褒义，也可用为贬义。这里用作贬义。

【令骥捕鼠】又作"良骥捕鼠"。《庄子·秋水》："骐骥骅骝，一日而驰千里，捕鼠不如狸狌，言殊技也。"（陈鼓应，1983：421）这里用为物各有用，应各尽其用之典。

（51）《上贾仆射书》："观江东一布衣耳，客游长安五年，以文艺求容，而无特达之操，藉甚之名，固不当以干王侯大人，言天下之事也。"（3/28）

【江东】《史记·项羽本纪》："于是项王乃欲东渡乌江。乌江亭长舣船待，谓项王曰：'江东虽小，地方千里，众数十万人，亦足王也。……'项王笑曰：'天之亡我，我何渡为！且籍与江东子弟八千人渡江而西，今无一人还，纵江东父兄怜而王我，我何面目见之？纵彼不言，籍独不愧于心乎？'"（司马迁，1959：336）"江东"指长江下游南部地区。

【布衣】布制衣服，指平民的衣着。《战国策·赵策二》曾提到布衣之士与卿相人臣相对照。"布衣"由此而转为平民的代称。《史记·李斯列传》："今秦王欲吞天下，称帝而治，此布衣驰骛之时而游说者之秋也。"（司马迁，1959：2539）"布衣"是平民的代称，这里是李观自称。

（52）《上梁补阙荐孟郊崔宏礼书》："孟之诗，五言高处，在古无二；其有平处，下顾两谢。"（3/29）

【两谢】《宋书·谢方明传》附《谢惠连传》中载：南朝宋诗人谢灵运与族弟惠连相友爱，二人以才名著称。（沈约，1974）梁钟嵘在《诗品》中称谢惠连为小谢，也有人把谢朓与谢灵运比并，朓为小谢，灵运为大谢。这里用为称赞孟郊有诗才之典。

（53）《安边书上宰相》："上下天渊，蚩驰之伦，莫不被仁，独犬戎跳梁，猾我右陲。"（4/30）

【跳梁】《庄子·逍遥游》："子独不见狸狌乎？卑身而伏，以候敖者，东西跳梁，不辟高下。"（陈鼓应，1983：29）"跳梁"，亦作"跳踉"，指腾跃跳动，常与"小丑"连用。小丑，指卑鄙无耻的小人。"跳梁小丑"喻指上蹿下跳，猖狂捣乱而又成不了大气候的坏家伙，这里借指犬戎之丑。

（54）《安边书上宰相》："欲财之不尽也，不愿衣食供给山东，愿开边田，敢以古言之，则赵充国之奏是也。此则兵不得媟无功，虏不得候折胶，国不得殚下民，胡不谓用周汉之策，范孙子之谋哉！"（4/30）

【赵充国】《汉书·赵充国传》载："时充国年七十余，上老之，使御史大夫丙吉问谁可将者，充国对曰：'亡踰于老臣者矣。'上遣问焉，曰：'将军度羌虏何如，当用几人？'充国曰：'百闻不如一见，兵难隃度，臣愿驰至金城，图上方略。然羌戎小夷，逆天背畔，灭亡不久，愿陛下以属老臣，勿以为忧。'上笑曰：'诺。'"（班固，1997：2975）赵充国为了社稷，当仁不让，自称最堪当此任，这里借指贤将。

【折胶】胶是制弓弩的材料，需要干燥，怕潮湿，秋季干凉，胶劲而可曲，故秋季可折胶制弓，匈奴常于此时出兵作战。这里以折胶指秋天用兵的季节。

（55）《道士刘宏山院壁记》："弱龄味道，雄节迈古，淮海胜景，无不绵历，内蕴太素，天机不浅，积学所运也，可与董奉抵掌，葛洪拍肩。"（4/31）

【葛洪】《晋书·葛洪传》："葛洪字稚川，丹杨句容人也。……尤好神仙导养之法。从祖玄，吴时学道得仙，号曰葛仙公，以其炼丹秘术授弟子郑隐。洪就隐学，悉得其法焉。"（房玄龄，1997：1911）"自号抱朴子，因以名书。""而洪坐至日中，兀然若睡而卒，岳至，遂不及见。时年八十一。视其颜色如生，体亦柔软，举尸入棺，甚轻，如空衣，世以为尸解得仙云。"（房玄龄，1997：1913）晋代有名的修道士葛洪，好神仙导养法，学炼丹修仙术，后尸解而去。这里用为指刘宏山道行非同寻常之典。

（56）《道士刘宏山院壁记》："先生于是植杖以请谒，一见而敛袵，再见而倒屣，忘言相契，率意偶合。"（4/31）

【倒屣】《三国志·王粲传》："献帝西迁，粲徙长安，左中郎将蔡邕见而奇之。时邕才学显著，贵重朝廷，常车骑填巷，宾客盈坐。闻粲在门，倒屣迎之。粲至，年既幼弱，容状短小，一坐尽惊。邕曰：'此王公孙也，有异才，吾不如也。吾家书籍文章，尽当与之。'"（陈寿，1997：597）王粲，东汉末年著名的文学家，"建安七子"之一。当时的文坛领袖蔡邕对王粲的文才非常赏识。一日，家中宾客满座，听说王粲登门求见，来不及穿好鞋子，倒拖着鞋子出门迎接。这里用来形容人们待客迎宾时的急切热情，以衬托刘宏山受欢迎的程度。

（57）《与房武支使书》："支使下车，人以之安。"（4/32）

【下车】常与"伊始"连用。《礼记·乐记》："武王克殷反商，未及下车而封黄帝之后于蓟。"（戴圣，1991：1025）下车，旧指新官刚到任，这里以"下车"为房武作为新官带着使命刚到吴地的典故。

（58）《与房武支使书》："卞和再刖足而不去，欲济物也；禽息一碎首而不悔，思达人也。"（4/32）

【卞和再刖足而不去】《韩非子·和氏》："楚人和氏得玉璞楚山中，奉而献之厉王；厉王使玉人相之，玉人曰：'石也。'王以和为诳，而刖其左足。及厉王薨，武王即位，和又奉其璞而献之武王；武王使玉人相之，又曰：'石也。'王又以和为诳而刖其右足。武王薨，文王即位，和乃抱其璞而哭于楚山之下，三日三夜，泣尽而继之以血。王闻之，使人问其故。曰：'天下之刖者多矣，子奚哭之悲也？'和曰：'吾非悲刖也，悲夫宝玉而题之以石，贞士而名之以诳，此吾所以悲也。'王乃使玉人理其璞而得宝焉，遂命曰'和氏之璧'。"（王先慎，1998：95）这里李观以此典表明自己的决心。

【禽息一碎首而不悔】《后汉书·朱晖传》颜师古注引《韩诗外传》："禽息，秦大夫，荐百里奚而不见纳。缪公出，当车以头击阘，脑乃精出，曰：'臣生无补于国，不如死也。'缪公感寤而用百里奚，秦以大化。"（范晔，1997：1466）这里用为不惜献身举荐贤才之典。

（59）《与房武支使书》："惟公秉干将之利，挺荆楚之秀，方钓名之日，亢得路之地。"（4/32）

【干将】见前文【镆铘】条。镆铘，又叫莫邪，为干将之妻名。干将造剑两把，命阳剑名为干将，命阴剑名为莫邪。干将匿其阳出其阴而献之阖闾。献剑前，干将告诉妻子国王发现藏剑后，必然将自己杀死，若生男孩儿，嘱其替父报仇。后来，藏剑之事果然被吴王发现，遂杀干将。干将的儿子长大后，持阳剑干将，在一山中客的帮助下，终于杀死吴王。这里用"干将"作为宝剑的代称。

（60）《与房武支使书》："鲁卫之客，争趋其门，亦可谓委能于圣朝，岂止杀身而已矣？"（4/32）

【鲁卫之客】《论语·子路》："鲁卫之政，兄弟也。"（杨伯峻，1980：136）鲁是周公之后，卫是周公之弟康叔之后，都是周朝的两个姬姓诸侯国。因此说鲁、卫两国无论从亲属关系到政治情况都是兄弟之国。这里以"鲁卫之客"比喻投靠房武的众多门客。

（61）《上杭州房使君书》："观白衣之王臣也，育于天人间二十年矣，胆薄不敢以干大人，头方不足以扇知己，以此而食，诚愧之哉！"（4/33）

【白衣之王臣】亦称"白衣公卿"。《唐摭言·散序进士》："进士科始于隋大业中，盛于贞观、永徽之际；缙绅虽位极人臣，不由进士者，终不为美，以至岁贡常不减八九百人。其推重谓之'白衣公卿'，又曰'一品白衫'。"（王定保，1978：4）唐人推重进士，称之为白衣公卿，因其身为白衣之士而有公卿之质。这里李观自称"白衣之王臣"，喻其有举进士之意。

（62）《上杭州房使君书》："使君令闻熙洽，穆如清风，家钟其祚，天契其秩，人莫得而涯之。"（4/33）

【穆如清风】《诗经·大雅·烝民》有言：吉甫作诵，穆如清风。穆：美。意谓和美如清风化养万物，这里用以形容房孺复的气度柔和清朗。

（63）《与睦州独孤使君书论朱利见》："伏惟良宝匿瑕，明鉴含垢，暂留顷刻，少纳蒭荛，遂厥愚恳，死而无悔。"（4/34）

【蒭荛】见上文【蒭荛】条。"刍荛之言"即草野之人的言论。这里李观用作谦词，借指自己的言论。

（64）《与睦州独孤使君书论朱利见》："观与此生，非有半面故素、一夕优狎，非有斗筲之惠，杯酌之好，但私心助痛，借口为言。"（4/34）

【半面故素】也作"半面之交"或"半面之识"。东汉人应奉博闻强记，人所推重。凡是应奉接触过的人，应奉都熟记在心，能一一说出其经历、性情，丝毫不差。据说，当应奉年二十岁时，曾到彭城去看袁贺，刚巧袁贺外出闭门，邻近有一车匠在室内，开半扇门，露出半面看了应奉一下。过了数十年，应奉在路上见到那车匠，还能认识他，并和他打招呼，见《后汉书·应奉传》注引《谢承书》。这里用"半面故素"指李观与朱利见二人虽见过面，但并不熟悉。

（65）《与睦州独孤使君书论朱利见》："且自使君下车数载，田畴始辟，桑柘初拱，人识廉耻，邑无逋亡，当朝谈其美，列岳让其最。"（4/34）

【下车】见上文【下车】条。下车：旧指新官刚到任。这里指独孤氾初治睦州之光景。

（66）《与睦州独孤使君书论朱利见》："虽文翁化蜀，伯道理吴，二侯既没，恶为绝倒。"（4/34）

【文翁化蜀】见上文【文翁】条。这里用"文翁"治理蜀地作为称颂循吏的典故，借以咏颂独孤氾治理睦州的贤明。

（67）《与睦州独孤使君书论朱利见》："独有南冠朱利见，气冲牛斗间，使君严如雷电，慈如太阳，何不修慎终之德，解悬绝之命？使仲由之诺不坠，长孺之灰更然，则流芳一时，垂范千载。"（4/34）

【南冠】《左传·成公九年》："晋侯观于军府，见钟仪。问之曰：'南冠而絷者，谁也？'有司对曰：'郑人所献楚囚也。'使税之，召而吊之。再拜稽首。问其族，对曰：'伶人也。'公曰：'能乐乎？'对曰：'先人之职官也，敢有二事？'使与之琴，操南音。……公语范文子。文子曰：'楚囚，君子也。言称先职，不背本也；乐操土风，不忘旧也；称大子，抑无私也；名其二卿，尊君也。'"（杨伯峻，1981：845）春秋时，楚国乐官钟仪被俘，囚在晋国。晋景公视察军需仓库时见到他。晋侯使之弹琴，他不忘故国，仍然弹奏楚国歌曲。后用"南冠"喻囚犯，并泛指处境窘迫的人。这里指身陷牢狱的朱利见。

【长孺之灰】《汉书·韩安国传》：安国"乃入见王而泣曰：'主辱者臣死。大王无良臣，故纷纷至此。今胜、诡不得，请辞赐死。'""王泣数行而下，谢安国曰：'吾今出之。'即日诡、胜自杀。汉使还报，梁事皆得释，安国力也。"（班固，1997：2396—2397）汉臣韩安国字长孺，为了除奸宁国，他身为梁孝王之内史，曾向梁孝王请求赐死，以身相殉。这里用为咏忠臣竭诚尽瘁之典，代指朱利见乃忠诚之人。

（68）《与睦州独孤使君书论朱利见》："且此人穷窭于原黔，污辱于韩范，恓惶于蔡泽，憔悴于屈平，整冠而缨断，敛袂而肘露，犹矻矻耽学，依依固穷，常戴使君殊造，对孤枕流涕。"（4/34）

【蔡泽】亦称"蔡泽无媒"。《史记·范雎蔡泽列传》："蔡泽者，燕人也。游学于诸侯小大甚众，不遇。……去之赵，见逐。之韩、魏，遇夺釜鬲于途。"（司马迁，1959：2418）战国时，燕人蔡泽以说客游说赵、韩、魏诸国，均未见用。这里用为指朱利见怀才不遇之典。

（69）《与睦州独孤使君书论朱利见》："日者有故寿昌沈尉，周行之末，识量非常，知事有废兴，人有迍泰，承使君咳唾，拯此人沟壑。"（4/34）

【咳唾】是"咳唾成珠"的省称。《庄子·秋水》："夔谓蚿曰：'吾以一足趻踔而行，予无如矣。今子之使万足，独奈何？'蚿曰：'不然。子不见夫唾者乎？喷则大者如珠，小者如雾，杂而下者不可胜数也。今予动吾天机，而不知其所以然。'"（陈鼓应，1983：430）"咳唾成珠"原是形容唾沫星之大者，后用以比喻文字优美，或比喻言谈议论的高明精当。这里用以逢迎独孤汜，赞其言语高妙。

（70）《与睦州独孤使君书论朱利见》："观诚驽怯，恒羡高蹋，执事之议，欲将何如？使君不疾尔臧否，则朱生索于枯鱼之肆矣。"（4/34）

【枯鱼之肆】《庄子·外物》："庄周家贫。故往贷粟于监河侯。监河侯曰：'诺。我将得邑金，将贷子三百金，可乎？'庄周忿然作色曰：'周昨来，有中道而呼者。'周顾视，车辙中有鲋鱼焉。周问之曰：'鲋鱼来！子何为者邪？'对曰：'我，东海之波臣也。君岂有斗升之水而活我哉？'

周曰：'诺，我且南游吴越之土，激西江之水而迎子，可乎?'鲋鱼忿然作色曰：'吾失我常与，我无所处。吾得斗升之水然活耳，君乃言此，曾不如早索我于枯鱼之肆!'"（陈鼓应，1983：705）这里以"枯鱼之肆"喻朱利见的困窘之境。

（71）《与睦州独孤使君书论朱利见》："尝见古人持危救倾，率克有益，使君岂不知此子不为食骏之士，盗裘之夫?……凡今之人，恶直丑正，入门自媚，邪道苟容，故有贝锦首章，青蝇独吊。"（4/34）

【食骏】《吕氏春秋·爱士篇》："昔者秦缪公乘马而车为败，右服失而野人取之。缪公自往求之，见野人方将食之于岐山之阳。缪公叹曰：'食骏马之肉，而不还饮酒，余恐其伤汝也!'于是遍饮而去。处一年，为韩原之战，晋人已环缪公之车矣，晋梁由靡已扣缪公之左骖矣，晋惠公之右路石奋殳而击缪公之甲，中之者已六札矣。野人之尝食马肉于岐山之阳者三百余人，毕力为缪公疾斗于车下，遂大克晋，反获惠公以归。"（吕不韦，1988：55）此事又见韩婴《韩诗外传》十、刘安《淮南子·氾沦》、刘向《说苑·复恩》《金楼子·说藩篇》。这里以"食骏之士"指称朱利见为明智识大体又能知恩报遇的贤者。

【青蝇吊客】《三国志·虞翻传》裴松之注引《虞翻别传》："翻放弃南方，云：'自恨疏节，骨体不媚，犯上获罪。当长没海隅，生无可与语，死以青蝇为吊客。使天下一人知己者，足以不恨。'"（陈寿，1997：1323）这里喻指朱利见这样的贤者，在人人自媚、恶直丑正之世，不仅生无知己，即使死后也只有青蝇吊慰，毕生落落寡合，孤独无友。

（72）《与张宇侍御书》："心惟使气，性不偶合，仗前辈奇节，振穷居清，操天下之事，能倾腹心，不但以董生下帷、苏子刺股而已。"（4/35）

【董生下帷】《汉书·董仲舒传》："董仲舒，广川人也。少治《春秋》，孝景时为博士。下帷讲诵，弟子传以久次相授业，或莫见其面，盖三年不窥园，其精如此。"（班固，1997：2495）这里李观以此典故喻指自己用心攻读诗书的决心。

【苏子刺股】《战国策·秦策一》载：苏秦游说秦王，上书十次，秦王没有采纳他的主张，他回到家中，父母妻嫂都不理睬他，他伤感之余，刻苦自励，"乃夜发书，陈箧数十，得《太公阴符》之谋，伏而诵之，简练以为揣摩。读书欲睡，引锥自刺其股，血流至足。……期年揣摩成，曰：'此真可以说当世之君矣！'"（刘向，1998：85）这里用来指李观勤苦读书、奋发自强的典故。

(73)《与张宇侍御书》："亡家既久，求食无所，危于累卵，急于倒悬，如何圣朝，有厥滥罚。"（4/35）

【累卵】见上文【累卵之危】条。战国时，晋国大臣荀息以累十二枚棋子，上面再加累九颗鸡蛋的办法让晋灵公省悟造九层高台，三年完不成，男不得耕，女不得织，国家资财用光，邻国乘机来攻，晋国的处境才是更危险的。这里用来指朱利见处境极危险的典故。

【倒悬】人或物上下倒置地悬挂着，喻陷入困苦境地。这里喻指朱利见陷入困境。

(74)《与张宇侍御书》："尔时独孤公尺书见招，知己相遇，缓蹑珠履，偕升兰堂，饱之以嘉肴，醉之以芳醑，特赏才调，且怜义声。"（4/35）

【珠履】《史记·春申君列传》："赵平原君使人于春申君，春申君舍之于上舍。赵使欲夸楚，为玳瑁簪，刀剑室以珠玉饰之，请命春申君客。春申君客三千余人，其上客皆蹑珠履以见赵使，赵使大惭。"（司马迁，1959：2395）这里用为咏独孤氾把李观视作人才，敬若上宾之典。

(75)《与张宇侍御书》："伏见太阳炎赫，砂砾焦铄，旱魃作厉，农夫忧饥，直为囚系无辜之所致也。虽欲祷桑林，焚巫尫，亦将奚及？"（4/35）

【旱魃作厉】亦作"旱魃为虐"。《诗·大雅·云汉》曰：旱魃为虐，如惔如焚。据载：魃是南方人，长二三尺，祖身，目在顶上，走行如风。所见之国大旱，赤地千里，一名旱母，见孔颖达疏引《神异经》。旱魃、旱母，皆指能造成旱灾的鬼怪。这里用"旱魃作厉"作为大地发生旱灾的典故。

(76)《与张宇侍御书》："如理以为当，言之可行，请驰一介之使，问三径之客，即荷衣蕙带，以趋下风。"（4/35）

【三径之客】据汉赵岐《三辅决录·逃名》载，西汉末年，王莽专权，兖州刺史蒋诩辞官归乡里，塞门不出，在院中辟三径，唯与求仲、羊仲来往。这里用指有才学的隐士。

(77)《代彝上苏州韦使君书》："彝本耽书嗜酒，已至于老。"（4/

36）

【耽书】《晋书·皇甫谧传》："沉静寡欲，始有高尚之志，以著述为务，自号玄晏先生。著《礼乐》《圣真》之论。后得风痹疾，犹手不辍卷。或劝谧修名广交，谧……作《玄守论》以答之……遂不仕。耽玩典籍，忘寝与食，时人谓之'书淫'。或有箴其过笃，将损耗精神。谧曰：'朝闻道，夕死可矣，况命之修短分定悬天乎！'"（房玄龄，1997：1409—1410）这里用为好学嗜读之典。

（78）《代李图南上苏州韦使君论戴察书》："书剑之子而与农贾同贯，岂非当日阙明吏以至于是乎？"（4/37）

【书剑】《史记·项羽本纪》："项籍少时学书不成，去学剑，又不成，项梁怒之。籍曰：'书足以记名姓而已。剑一人敌，不足学，学万人敌。'于是项梁乃教籍兵法，籍大喜。略知其意，又不肯竟学。"（司马迁，1959：296）这里用"书剑"为学习文武的典故。

（79）《代李图南上苏州韦使君论戴察书》："彦衷亦谓图南曰：'我它年不言而今言者，以韦公负天下人望，当有解左骖之分也，岂同绛灌之列哉？'不图如羝羊触藩，进却斯咎，乃高叹曰：'清源无增澜，安得运吞舟。'"（4/37）

【绛灌】《史记·高祖功臣侯者年表》："汉兴，功臣受封者百有余人。天下初定，故大城名都散亡，户口可得而数者十二三，是以大侯不过万家，小者五六百户。后数世，民咸归乡里，户益息，萧、曹、绛、灌之属或至四万，小侯自倍，富厚如之。"（司马迁，1959：878）西汉武将绛侯周勃与颍阴侯灌婴，两人都尚武无文，这里用以喻武将之典。

【羝羊触藩】《易·大壮》曰：羝羊触藩，不能退，不能遂。公羊撞篱笆，角被挂住，不能进也不能退。这里用以比喻进退两难的境地。

【吞舟】亦作"吞舟之鱼"。《庄子·庚桑楚》："吞舟之鱼，砀而失水，则蝼蚁能苦之。"（陈鼓应，1983：592）"吞舟之鱼"，是极言鱼大，可以吞舟，后泛指庞然大物，亦用以比喻伟大的贤人。这里则是借用郭璞《游仙诗》原句语典，来表明李图南身无用武之地的苦闷。

（80）《代李图南上苏州韦使君论戴察书》："宁令一彦衷肝脑布地，不知所阶！"（4/37）

【肝脑布地】也作"肝脑涂地"。《史记·淮阴侯列传》："今楚汉分争，使天下无罪之人肝胆涂地，父子暴骸骨于中野，不可胜数。"（司马迁，1959：2623）《史记·刘敬叔孙通列传》也载娄敬有"肝脑涂地"言。"肝脑涂地"乃惨死之意，后演变为指竭尽忠诚，不惜任何牺牲。《汉书·苏武传》也载苏武常愿肝脑涂地。这里仍用作惨死之典。

（81）《代李图南上苏州韦使君论戴察书》："昔魏绛薄言，晋侯为之称过；李斯肆辨，秦帝为之复客；郑侨致诮，范匄为之轻币；江淹投笔，建平为之侧席。"（4/37）

【范匄】《左传·成公十六年》："甲午晦，楚晨压晋军而陈。军吏患之。范匄趋进，曰：'塞井夷灶，陈于军中，而疏行首。晋、楚唯天所授，何患焉？'文子执戈逐之，曰：'国之存亡，天也，童子何知焉？'"（杨伯峻，1981：883）这里以"范匄"作称颂少年有为的典故。

【建平】据《宋书·文九王传·建平王宏传》刘宏、刘景素父子都称建平王，好文章书籍，招集才义之士，倾身礼接，以收名誉。（沈约，1974）这里以"建平"喻指爱文好士的亲王。

（82）《代李图南上苏州韦使君论戴察书》："则立伏匕首甘棠之间，以塞深责，彦衷亦获无咎，郎中慎勿耻葑菲之旨，克勤瞻听，而捐其言，不为之行也。谨遣隶人捧书跪献，图南伏竢咳唾。"（4/37）

【甘棠】甘棠，据《尔雅·释木》说就是杜。有赤白两种，赤曰杜，白曰棠，即甘棠，又称棠梨。《甘棠》为《诗经·召南》的篇名。周武王时，召公姬奭为西伯，有善政。相传他到乡间曾在棠树之下处理政务，时人为了纪念他而作《甘棠》之诗。《甘棠》序曰：《甘棠》，美召伯也。《史记·燕召公世家》也载："召公之治西方，甚得兆民和。召公巡行乡邑，有棠树，决狱政事其下，自侯伯至庶人各得其所，无失职者。召公卒，而民人思召公之政，怀棠树不敢伐，哥咏之，作《甘棠》之诗。"（司马迁，1959：1550）召伯南巡，所到之处不占用民房，只在甘棠树下停车驻马、听讼决狱、搭棚过夜。后人怀念召伯体恤百姓疾苦，便不砍伐甘棠。这里用作称颂循吏的美政。

【葑菲】葑即蔓菁，菲即萝卜。《诗经·邶风·谷风》咏采葑菲是比兴手法。诗前小序说，是为讽刺那种"淫于新婚，而弃其旧室，夫妇离绝，国俗伤败"的社会现象，以感化有失夫妇之道的统治者。此典原意在于恪守夫妇之道，莫要喜新厌旧。这里则被李图南用作指韦应物对自己的言辞有所采择的谦辞。

（83）《请修太学书》："天下有倒悬之悲，诸侯有安忍之怀。"（5/

38）

【倒悬之悲】见上文【倒悬】条，这里为困苦之典。

(84)《贻先辈孟简书》："仆貌不环杰，衣不鲜丽，前无高车，后无苍头，量仆为区区进次之人，而默相遣。若使有一俗士，煌煌轻肥，足下必投袂而起，何疾之称尔？"（5/39）

【苍头】《汉书·霍光传》有"苍头奴"一说。《高僧传·神异下·齐荆州释僧慧》："释慧远者，本沙门慧印之苍头也。"（慧皎，1992：392）玄应《一切经音义》载《汉书》"苍头"，曰：秦称民曰黔首。黔，黑也；首，头也。奴曰苍头，非纯黑以别于民也。这里指称仆人。

【投袂而起】《左传·宣公十四年》："楚子闻之，投袂而起，屦及于窒皇，剑及于寝门之外，车及于蒲胥之市。"（杨伯峻，1981：756）意谓振衣袖而起，形容决心奋起逐敌，义无反顾，这里用以讽刺孟简愤然而起的丑态。

(85)《邠宁庆三州节度飨军记》："虽阃外得专，亦大有所不专也。"（5/41）

【阃外】《史记·张释之冯唐列传》："唐对曰：'臣闻上古王者之遣将也，跪而推毂，'曰：'阃以内者，寡人制之；阃以外者，将军制之。'"裴骃集解："韦昭曰：'此郭门之阃也。'"（司马迁，1959：2752）中国古时候委派将军，对其在外的权力有明确划分，在阃以外的地方即朝廷之外或边关，归将军管制。这里用为委将统军之典。

(86)《赠冯宿》："寒晨上秦原，游子衣飘飘。"

【游子】《史记·高祖本纪》："谓沛父兄曰：'游子悲故乡，吾虽都关中，万岁后吾魂魄犹乐思沛。'"（司马迁，1959：389）"游子"一词表示寄寓异乡的人，用来表达思乡思亲之感。

(87)《高宗梦得说赋》："持缗向老，谅殊渭水之涯；负畚将疲，久困傅岩之际。"（6/46）

【傅岩】取材自"傅岩访贤"。《史记·殷本纪》："帝武丁即位，思复兴殷，而未得其佐，三年不言，政事决定于冢宰，以观国风。武丁夜梦得圣人，名曰说。以梦所见视群臣百吏，皆非也。于是乃使百工营求之野，得说于傅险中。是时说为胥靡，筑于傅险。见于武丁，武丁曰是也。得而与之语，果圣人，举以为相，殷国大治。故遂以傅险姓之，号曰傅说。"（司马迁，1959：102）殷高宗武丁为复兴国家思贤若渴，派多人四处求贤，终于在傅岩找到了服苦役的傅说，任为宰相，殷果然得以复兴。这里借指得人之典。

（88）《高宗梦得说赋》："斐而成章，有愧雕龙。"（6/46）

【雕龙】《史记·孟子荀卿列传》："驺衍之术迂大而闳辩，奭也文具难施；淳于髡久与处，时有得善言。故齐人颂曰：'谈天衍，雕龙奭，炙毂过髡。'"裴骃《集解》注引刘向《别录》："驺衍之所言五德终始，天地广大，尽言天事，故曰'谈天'。驺奭修衍之文，饰若雕镂龙文，故曰'雕龙'。"（司马迁，1959：2348）战国时，齐人邹衍恢奇雄辩，善谈天地自然之事。后有驺奭，采驺衍之术以纪文，甚得齐王嘉赏。这里用来比喻善于文辞。

（89）《钧天乐赋》："遇之以神，殊季札之观鲁；乐而忘味，类宣尼之听韶。"（6/47）

【钧天乐】也称"钧天广乐"。《史记·扁鹊仓公列传》："简子寤，语诸大夫曰：'我之帝所甚乐，与百神游于钧天，广乐九奏万舞，不类三代之乐，其声动心。'"（司马迁，1959：2786）钧天，天帝所居；广乐，广大之乐。"钧天广乐"指神话中的天上音乐。

【季札之观鲁】取材自"季札听歌"。《左传·襄公二十九年》："吴公子札来聘……请观于周乐。使工为之歌《周南》《召南》，曰：'美哉！始基之矣，犹未也。然勤而不怨矣。'为之歌《邶》《鄘》《卫》……见舞《韶箾》者，曰：'德至矣哉，大矣！如天之无不帱也，如地之无不载也。虽甚盛德，其蔑以加于比矣，观止矣。若有他乐，吾不敢请已。'"（杨伯峻，1981：1161—1165）后将"季札观鲁"用作欣赏品评乐舞之典。这里用以凸显钧天广乐的特别。

【宣尼之听韶】取材自"闻韶忘味"。《论语·述而》："子在齐闻《韶》，三月不知肉味，曰：'不图为乐之至于斯也。'"（杨伯峻，1980：70）孔子名丘，字仲尼。春秋鲁国陬邑人。汉元帝元年追谥他为褒成宣尼公，后称宣尼。孔子听了舜时的《韶》乐，据说三个月都尝不出肉味。后形容专心或陶醉于一事而其他事都不放在心上。这里形容钧天乐的动听。

（90）《钧天乐赋》："乍如周文之梦，实异季路之祷。"（6/47）

【周文之梦】《礼记·文王世子》载：传说周武王曾向周文王说，他梦见天帝要给他九龄，即让他活到九十岁。文王说自己有一百岁，要给武王三岁。文王最终活了九十七岁。后以此为咏高寿之典。这里则用以形容钧天乐营造出的梦幻之感。

【季路之袜】《左传·哀公十四年》："小邾射以句绎来奔，曰：'使季路要我，吾无盟矣。'使子路，子路辞。季康子使冉有谓之曰：'千乘之国，不信其盟，而信子之言，子何辱焉？'"（杨伯峻，1981：1682）小邾国的射大夫，率领句绎臣民投降鲁国，十分相信与子路订立盟誓，只要子路说了就不需要再和鲁国订盟。后为君子协定之典。这里与梦幻感相对应，用以形容钧天乐的真实感。

（91）《帖经日上侍郎书》："乃古人曰：'离娄视千里，盲不见咫尺。'"（6/48）

【离娄】赵岐注《孟子·离娄上》称离娄为古之明目者，盖以为黄帝时人也。黄帝亡其玄珠，使离娄索之。（焦循，1986）离娄是古代视力极佳的人，传说于百步之外能见秋毫之末。这里用作咏明察之典。

（92）《晁错论》："盖以南方富殖，而诸夏初义，狂夫为计，料胜一举，遂摇长舌，交构七国，借诛错之名。"（6/49）

【诛错之名】据《汉书·晁错传》记载：汉文帝时任太常掌故、太子家令等，后迁中大夫。曾上书言宜削诸侯事。景帝即位，以错为内史，后迁为御史大夫，力倡削弱诸侯。后十余日，吴楚七国俱反，以诛错为名。（班固，1997）用为借诛近臣而兴兵反叛之典。

2. 典故词语的文献来源和频率

我们根据四部分类法，对以上李观诗文所涉典故语词的文献来源进行了初步的统计，结果如表7-1所示：

表7-1　　　　　　　　　李观诗文典故词语的文献来源

经部	诗类	《诗经》《韩诗外传》
	书类	《尚书》
	礼类	《礼记》
	易类	《易经》
	春秋类	《左传》
史部	正史类	《史记》《汉书》《宋书》《后汉书》《晋书》《三国志》
	载记类	《吴越春秋》
	杂史类	《战国策》

续表

	类书类	《艺文类聚》
	道家类	《庄子》《列子》
	小说家类	《山海经》《世说新语》《穆天子传》
子部	法家类	《韩非子》
	儒家类	《孟子》《论语》《晏子春秋》
	杂家类	《淮南子》《吕氏春秋》
集部	集部类	《竹书纪年》、贾谊《新书》、刘向《列女传》、宋玉《大言赋》、蔡邕《太尉汝南李公碑》、扬雄《法言》、赵岐《三辅决录》

其中，在以上典故语词中，使用频率最高的文献依次是：《史记》25个、《左传》13个、《汉书》9个、《诗经》7个、《庄子》7个、《论语》5个、《易经》4个。从这些文献的使用频率来看，无论是对传统的儒家学问还是其他百家学说，李观都有所接触，有所采择。从李观用典所关涉的人物类型分析，李观钦慕的是英雄和名士。有些人物屡屡出现，如苏武、越石父等，可见李观不仅精通历史典籍，而且他对历史人物也是有喜好的。当他在诗文中要表现英雄情怀和名士风流的时候，积淀在脑海中的典故便呈现出来，通过这些契合于心的典故来表现情思。

从李观对典故语词的灵活运用中，我们可以发现李观的学问根荄。李观的才情，他内心的好恶和爱憎以及他的人生态度，都在典故语词中得到体现。他对历史上某种人生方式的关注，流露出自身的人生选择。

从以上统计，我们不难发现李观最熟悉的典籍是《史记》，对其表现出了极度的推崇。《史记》是古代散文的楷模，传记文学的典范。它的写作技巧、文章风格和语言特点，令后代散文家景仰尊崇，成为师法的经典。李观的成就与他对《史记》语言风格的追求不无关系。李观最善于吸取马、班等散文家的长处，对《史记》《汉书》等经典史籍进行熟练诵读和融化概括。文章中多奇的艺术特色和叙事形象化特征也都可以溯源到《史记》和《汉书》。李观对前代经典散文进行渗透和融合，应用到自己的文章中，从而熔铸成颇具风格的典故词语。

以上使用频率较高的文献中，既包括史书、经书，也包括儒家、道家的经典之作，这既体现出李观能够博览群书，也体现了他的史学、经学趋向和他对儒道玄思想的接受。

3. 典故语词分类

借鉴《陶潜诗歌中的典故》一文中所提出的典故的分类法（詹姆斯·阿·海陶玮，1990：44—50），以典故在诗文中所起的作用大小为依据，同时考虑读者是否容易察觉到典故的存在这个因素，结合李观诗文的特点，我们将李观诗文所涉典故语词分为以下几类。

（1）典故语词所概括的典故是篇章的题材。例如李观《钩天乐赋》文中的"钩天乐"，出自《史记·扁鹊传》："简子寤，语诸大夫曰：'我之帝所甚乐，与百神游于钧天，广乐九奏万舞，不类三代之乐，其声动心。'"（司马迁，1959：2786）钧天，天帝所居；广乐，广大之乐。"钩天乐"指神话中的天上音乐。李观的《高宗梦得说赋》一文取材于"傅岩访贤"这个典故，出自《史记·殷本纪》："帝武丁即位，思复兴殷，而未得其佐。三年不言，政事决定于冢宰，以观国风。武丁夜梦得圣人，名曰说。以梦所见视群臣百吏，皆非也。于是乃使百工营求之野，得说于傅险中。是时说为胥靡，筑于傅险。见于武丁，武丁曰是也。得而与之语，果圣人，举以为相，殷国大治。故遂以傅险姓之，号曰傅说。"（司马迁，1959：102）殷高宗武丁为复兴国家思贤若渴，派多人四出求贤，终于在傅岩找到了服苦役的傅说，任为宰相，殷果然得以复兴。"钩天乐""傅岩"等这类典故语词在诗文中所起的作用最大，是诗文的主宰，也是读者理解诗文的前提。如果此类典故语词不明朗，读者就无法理解整篇诗文。

（2）典故语词所承载的典故是理解句子的关键。这种语词往往是专有名词，或者是一种缩写形式，用一个语词可以表达几段文字所包含的内容。典故语词不明晰，就无法理解典故语词所在的句子的意思，但并不影响对整篇文章的理解。例如：在《斩白蛇剑赞》中的"斩白帝于泽，升赤龙于云，然后安绎骚乎荒屯"。这句话里，"白帝"指嬴政，与"白帝"对应的"赤龙"指汉高祖刘邦。《史记·高祖本纪》载："高祖以亭长为县送徒郦山，徒多道亡。自度比至皆亡之，到丰西泽中，止饮，夜乃解纵所送徒。……高祖被酒，夜径泽中，令一人行前。行前者还报曰：'前有大蛇当径，愿还。'高祖醉，曰：'壮士行，何畏！'乃前，拔剑击斩蛇。蛇遂分为两，径开。行数里，醉，因卧。后人来至蛇所，有一老妪夜哭，人问何哭，妪曰：'人杀吾子，故哭之。'人曰：'妪子何为见杀？'妪曰：'吾子，白帝子也，化为蛇，当道，今为赤帝子斩之，故哭。'人乃以妪为不诚，欲告之，妪因忽不见。"（司马迁，1959：102）白帝子指嬴政，赤帝子指刘邦。赤帝是火，白帝是金，火克金。此为五德相克下的附会之说，以显示高祖代秦而起，乃天命所归。在《与睦州独孤使君书论朱利见》文中的"尝见古人持危救倾，率克有益，使君岂不知此子不为食骏之士，盗裘之夫？"（李元宾 a，1830：卷四，十一叶）这句话中，何为食骏之士？《吕氏春秋·爱士篇》："昔者秦缪公乘马而车为败，右服失而野人取之。缪公自往求之，见野人方将食之于岐山之阳。缪公叹曰：'食骏马之肉，而不还饮酒，余恐其伤汝也！'于是遍饮而去。处一年，为韩原之战，晋人已环缪公之车矣，晋梁由靡已扣缪公之左骖矣，晋惠公之右路石奋殳而击缪公之甲，中之者已六札矣。野人之尝食马肉于岐山之阳者三百余人，毕力为缪公疾斗于车下，遂大克晋，反获惠公以归。"（吕不韦，1988：55）此事又见韩婴《韩诗外传》十、刘安《淮南子·氾论》刘向《说苑·复恩》《金楼子·说藩篇》。后以"食骏"为明智识大体，爱下恤士，或知恩报遇的典故。《项籍碑铭并序》："然始解马于舟子，结缨于死地，痛矣！"句中的"结缨"，典出自《左传·哀公十五年》，据载：春秋末年，卫灵公之子蒯聩，因得罪了灵公的宠姬南子，而逃到国外，未立为国君。后来他与姊孔伯姬合谋，胁迫孔悝，发动了向卫出公辄的夺权斗争。这就是历史上所说的"孔悝之乱"。仲由不从蒯聩，单独一人找到蒯聩，要他停止作乱，惩办孔悝，不然的话就要放火焚烧当时蒯聩等所居之台。"大子闻之，惧，下石乞、孟黡敌子路，以戈击之，断缨。子路曰：'君子死，冠不免。'结缨而死。孔子闻卫乱，曰：'柴也其来，由也死矣。'"（杨伯峻，1981：1696）表示临难不苟，从容而死。李观此处用到"结缨"，以此称道项籍就死时的从容神态。如果不理解上述这类典故语词，就会影响整句话的理解，但对整篇文章的理解没有太大影响。

（3）典故语词所包含的典故可为文中的句子提供另外的解释或言外之意。即使明确了典故语词本身的涵义，如果不联系上下文，就无法得到作者所要表达的真正思想。《贻先辈孟简书》中的"若使有一俗士，煌煌轻肥，足下必投袂而起，何疾之称尔？"句中的"投袂而起"意谓振衣袖而起。典出自《左传·宣公十四年》：楚子闻之，投袂而起，屦及于窒皇，剑及于寝门之外，车及于蒲胥之市。常用来形容决心奋起逐敌，义无反顾。但是，如果联系上下文来看，"投袂而起"绝不是此意，带有作者的嘲讽意味。《上杭州房使君书》中的"观白衣之王臣也，育于天人间二十年矣，胆薄不敢以干大人，头方不足以扇知己，以此而食，诚愧之哉！"句中"白衣之王臣"不能作字面解，又作"白衣公卿"。《唐摭言·散序进士》载："进士科始于隋大业中，盛于贞观、永徽之际；缙绅虽位极人臣，不由进士者，终不为美，以至岁贡常不减八九百人。其推重谓之'白衣公卿'，又曰'一品白衫'。"（王定保，1978：4）唐人推重进士，称之为白衣公卿，因其身为白衣之士而有公卿之质。后遂泛称进士。白衣公卿亦作"白衣卿相"。联系"白衣公卿"这个典故，李观自称"白衣之王臣"提供给读者两个信息：一是李观此时不是进士；二是李观此时有志于考取进士。又如李观《东渭桥铭并序》中"不见钓璜，不遭坠履"句中的"钓璜"出自沈约的《宋书·符瑞志上》，文载："王至于磻溪之水，吕尚钓于涯，王下趋拜曰：'望公七年，乃今见光景于斯。'尚立变名答曰：'望钓得玉璜，其文要曰：姬受命，昌来提，撰尔雒钤报在齐。'"后来吕尚果然受到重用。"坠履"据《新书》载："昔楚昭王与吴人战，楚军败，昭王走，屦决，背而行，失之。行三十步，复旋取屦。及至于隋，左右问曰：'王何曾惜一踦屦乎！'昭王曰：'楚国虽贫，岂爱一踦屦哉？思与偕反也。'自是之后，楚国之俗无相弃者。"（阎振益、钟夏，2000：280）楚昭王不弃踦屦的行为意在表明：虽然战败，也愿与自己的部队一同回到楚国去，甚至连一物也不愿丢给敌人。以此显示惜旧物爱士卒，同舟共济的精神。后用为不忘故旧的典故。联系上下文，"不见钓璜，不遭坠履"就可以提供给读者这样的信息：李观没有受器重的事实和他期望得到举荐的美好愿望。

　　（4）典故语词与典故同形，实际上只是在陈述历史事实。这类典故词语常出现在咏史类的作品中。作者在写作时涉及一些历史故事，就把它用简洁的文字表达出来。例如：《晁错论》："盖以南方富殖，而诸夏初乂，狂夫为计，料胜一举，遂摇长舌，交构七国，借诛错之名。"句中的"诛错之名"，出自《汉书·晁错传》，讲述的是：汉文帝时任太常掌故、太子家令等，后迁中大夫。曾上书言宜削诸侯事。景帝即位，以错为内史，后迁为御史大夫，力倡削弱诸侯。后十余日，吴楚七国俱反，以诛错为名。虽然"诛错之名"后常用为借诛近臣而兴兵反叛之典，但此处的"诛错之名"，作者显然不是借指的别人，所指正是发生在晁错身上的史实。相类似的还有《项籍碑铭并序》中的"纪信焚""楚歌夜闻"；《周穆王八骏图》中的"八骏"，等等。这类典故语词脱离语境独立出来有特殊的含义，但放在语境中，仅仅是史实的缩略。因此，此类典故语词应别属一类。

4. 典故语词使用特色

刘永济《文心雕龙校释》中，曾这样概括用典的意义："用典之要，不出以少字明多意。其大别有二：一用古事；二用成辞。用古事者，援古事以证今情也；用成辞者，引彼语以明此义也。"（刘永济，1962：146）对于典故语词来说，这也是适用的。

李观运用缩略典故而成的典故语词表达自己的思想感情，用古昔之事来比譬今日之事，所引用的古事都与他要表达的思想内容有相似、相同或相关之处。典故语词有利于论证和阐发文章所要表达的观点和主张，有利于塑造鲜明的人物形象，表现自己的人生态度。典故语词在李观的笔下，成为传情的手段和达意的媒介。李观在选用它们时或着眼于其引申之义，或注重其由某一细节生发的联想之义，或偏重于其所体现的情感韵味，这是李观典故语词的共性。除此以外，李观的典故词语还呈现出其别具一格的使用特色：

（1）李观所用的典故语词中，有些不止一次被使用，但在具体的语境中，相同的典故语词能够表现出不同的含义。例如"悬磬"一词，在《古受降城铭并序》和《代李图南上苏州韦使君论戴察书》都有用到。典出自《左传·僖公二十六年》："齐侯曰：'室如悬磬，野无青草，何恃而不恐？'"（杨伯峻，1981：439）春秋时（前634），齐孝公兴师侵犯鲁国边境，鲁僖公使展喜奉命犒赏齐师。上面所引就是齐侯向鲁使发出的既藐视而又带威胁的质问。悬磬中间高两旁低，不能著物，磬中亦空洞无物，后用之形容空无所有，也可比喻家道极其贫寒。李观在两篇文章中的"聚师万甲，悬磬四国"和"爨无束刍，室若悬磬"，分别使用了"悬磬"的引申义和比喻义。

（2）涉及同一人的典故，基于不同的角度，体现为不同的典故语词，表达出李观不同的思想感情。例如《吊监察御史韩弇没蕃文》和《泾州王将军文》中，"典属之老"和"苏武老归"都用到了有关苏武的典故，出自《汉书·苏武传》。但前者的"激鲁阳之勇，叹典属之老"，指的是汉武帝时的苏武出使匈奴，历尽千辛万苦，坚守气节，誓不投降，然而归国之后，仅薄封为一个典属国的小官，以咏功高封薄之感慨。后文的"少卿生降，苏武老归"，则指汉中郎将苏武，奉汉武帝之命，持节出使匈奴，被扣留。他坚持节操，誓死不降。匈奴以冻饿折磨他，他啮雪吞毡，坚定刚毅，十九年历尽艰辛，后终归汉室，以咏其坚持气节的精神。

再如《交难》和《上陆相公书》中，李观都用到越石父的典故，典出自《晏子春秋·内篇杂上》。越石父春秋时齐国贤人。齐相晏婴解左骖赎之于缧绁之中，归而久未延见，越石父以为辱己，要求绝交，晏婴谢过，延为上客。见《晏子春秋·内篇杂上》（吴则虞，1962），用作咏贤人之典。《交难》中的"石父解缚于齐相，智罃负惭于贾夫"（李元宾 a，1830：卷二，七叶），是从齐相识人的角度用典，与主题"交难"相对应；《上陆相公书》中的"由是越石父不言，齐相曷由加命；韩信不言，滕公曷由奇之哉？"（李元宾 a，1830：卷三，九叶）是通过越石父这个典故，表明李观上书的必要性。

（3）李观的典故语词，在感情激愤的时候，往往贯成一串，如机枪发射，又如大珠小珠落玉盘，是称为合典。例如《泾州王将军文》："少卿生降，苏武老归，窦宪出师，曷如将军之亡哉？"（李元宾 a，1830：卷二，五叶）连用到三个典故。另如《与睦州独孤使君书论朱利见》文中的语句："且此人穷窭于原黔，污辱于韩范，恓惶于蔡泽，憔悴于屈平，整冠而缨断，敛衽而肘露，犹矻矻耽学，依依固穷，常戴使君殊造，对孤枕流涕。"（李元宾 a，1830：卷四，十一—十一叶）此句连用穷窭于原黔、污辱于韩范、恓惶于蔡泽、憔悴于屈平四个典故语词。

总之，李观一典多用和数典连用的特色，表现出其对典故的熟悉和通达。李观能够根据自己表达的需要，不动声色地对其进行灵活的变换组合，进而使各个典故词语得到恰当地使用，显现出其高超的语言表达技巧。

第三节　本章小结

李文的可读性可分两个层面：或析理入微、辞采华茂，或情节曲折、结构精巧。李文篇幅短小，文笔简练，绝少局促滞涩之病。他言约意博，言短意长，借古喻今，见解独到。此外，文章感情充沛、节奏铿锵，气势磅礴、神采飞扬。于古文运动兴盛前夕，文体开始变革而风气未盛之时，李观骈散交织的作品和他激扬的气势，对中唐复古思潮起了前导的作用，为中唐尚奇的风气开了先河。

　　李观作文，善于以铺排的手法凸显奔涌磅礴的气势，又注重真情实感的展现。形象化之外，努力讲求气势，追求古文创新。审美体验是情感活动，而气势的实质是深厚的情感在活动中产生的力量。李观在创造实践中讲求气势，就是寻找其独特的审美体验的最佳表达方式。李观在讲求气势的前提下追求创新，更能表现出对审美创造的尊重。李观在文辞上的语言技巧，对形成他语势参差错落，文气自由奔放的风格起到了重要的作用。

　　不可忽视的是，在激昂的气势和华丽的文辞之外，李观的文章体现出不尽如人意之处：典故词语过多使整体文章的文辞显得有些艰涩难读。其文章围绕科举干谒，歌功颂德的文章不少，内容上来看思想境界不高，较少超越意识。这是导致他的文章被后世湮没的最重要的原因，这也是我们从李观文章中总结出可资后人鉴戒之处：文章是否耐读与文辞是否华美同样重要。

结　语

对于我们来说，文学家李观是遥远的，又是亲切的。"心惟使气，性不偶合""为性愚讦""性颛不乐他能""洁身履古，立行师古，临事不惑，见危必进""言事务直""仍近直方""坐被愁役，动为病侵"。以上描述是李观在文章中对自我性格的点滴评价，从这幅语言描述的自画像中，我们可以从历史的烟尘中依稀窥见狷介之士李观的音容笑貌。他苦短的人生，好友韩愈总结得好：郡望陇西，长于江东，科考应试，得任校书，病卒客死，寒友卖马安葬。除此以外，我们可以通过他的文章间接地了解到他性格中的谨慎与保守，为是否造访李使君竟然曾有四虑，思前想后，可谓顾虑重重。

他自幼所受的是儒家传统教育，儒家的"修身齐家治国平天下"的思想使他对家庭、国家的责任感异常深重。作为子女，他以孝为先；作为普通士人，他大义凛然；作为臣民，他积极参与，发表政见。

他就是这样一个生活在中唐时期的普通士人，兼具普通人的自我意识和文人的自我意识：忧郁、孤独、悲哀甚至绝望。出身卑微、家境窘困使他不能像高士那样远走高蹈；品性正直、文人气质又使他不能像小人那样蝇营狗苟。作为一个生活在社会底层的读书人，现实既无奈又痛苦，他才华横溢却久不被重视，立志求取功名却苦于无人引荐。那个时代，为了生存，为了能够贡献自己的才能，他唯一的道路就是为文从政，为此，他不得不收起知识分子的那份清高和委屈，四处自荐干谒。

他29岁的一生，经受着穷困、疾病的折磨和功名追求的挫败，使得他孤傲、敏感。他孑然一身，"无一金之资，五尺之童，莫与合者，飘无处所，郁乎而怀，浩乎而思，是亦多为风闻所讪，不闻雷同所称"（李元宾a，1830：卷三，九叶）。身处逆境又不肯降心辱志的执着精神终于让他心愿遂成。他一生中最快意的时光，莫过于贞元八年中进士后到贞元九年这段时间，无奈稍纵即逝。李观的文章，被称为有奇气有新意，但功名心过重，从文章内容或多或少都与科举有关这点可以体现出来，他常年拖着病体，也使他的功利之心显得格外急切。他的文章由于作者的年少而洋溢着年轻的气息，气质脱俗而沉稳不足。他的文章，骈散结合，以充分表达内容为宗旨，既不拘泥体式，又不以文害意，给中唐文体文风改革吹入了一股清风。关于李观在唐代古文发展中的地位，宋初姚铉的《〈唐文粹〉序》是最具有参考价值的：

"有唐三百年，用文治天下。陈子昂起于庸蜀，始振风雅，由是沈宋嗣兴，李杜杰出，六义四始，一变至道。洎张燕公以辅相之才专撰述之任，雄辞逸气，耸动群听；苏许公继以宏丽，丕变习俗。而后萧李以二雅之辞本述作，常杨以三盘之体演丝纶。郁郁之文，于是乎在。惟韩吏部超卓群流，独高遂古，以二帝三王为根本，以六经四教为宗师，凭陵轥轹，首唱古文，遏横流于昏垫，辟正道于夷坦。于是柳子厚、李元宾、李翱、皇甫湜又从而和之，则我先圣孔子之道，炳然悬诸日月。故论者以退之之文，可继杨孟，斯得之矣。至于贾常侍至、李补阙翰、元容州结、独孤常州及、吕衡州温、梁补阙肃、权文公舆、刘宾客禹锡、白尚书居易、元江夏稹，皆文之雄杰者欤！世谓贞元、元和之间，辞人咳唾，皆成珠玉，岂诬也哉！"（姚铉，1986）

李元宾在此能与柳子厚、李翱并列，可以推想元宾的古文创作实力和影响力。方孝孺《〈张彦辉文集〉序》对此三人也有阐释："其同时则有柳子厚、李元宾、李习之之流。子厚为人精致警敏，习之志大识远，元宾激烈善持论，故其文皆类之。"① 元宾恰如钱冬父先生所言：在"龙虎榜"上有名的，若不是古文运动的主将，便是它的追随者和赞助者。时人评价李观"今之言文章，元宾反出退之之下"可以想象到李观当时的影响力。后人更将其与韩愈并列，予以崇高地位②。由于他才华横溢而英年早逝，后人又以李贺相埒③。他的陨落，使中唐文坛的星空为之黯然失色。在为李观惋惜之余，不由不生发出世事无常的嗟叹和珍惜生命的感慨。

---

① 《文章辨体汇选》卷三百七十，四库全书本。

② 《遗山集》卷三十六《〈逃空丝竹集〉引》："仲梁气锐而笔健，业专而心精极，他日所至，当与古人中求之，不特如退之之于李元宾耶。"

③ 《浮溪集》卷十七《〈呻吟集〉序》："造物者轻与人以富贵寿考而重与人以令名……以李元宾、李长吉也而夭，是数子皆天才卓超，非偶然而生，游戏须臾之间。"

　　当然，对李观的性格缺陷及其散文中存在的不足，我们也不能够忽视。李观的文章充溢着文人气质：清高、孤僻，狭隘、保守，这与他常年为疾病所困扰不无关系，他郁郁寡欢的性格也可能是他夭折的另一个促因。他一部分文章题材狭促、语言晦涩、"雕琢艰深""格格不能自达其意"……这并非是他特有的，也是中唐改革探索阶段一些文人创作的共同缺点，比如刘蜕、孙樵、樊宗师等人也多少有奇奥僻涩的创作特点。

　　瑕不掩瑜，客观历史局限导致的不足遮盖不了李观散文中所放射出的灿烂光芒。《李元宾文集》的文学史意义在于它是中唐文体文风改革的实践性成果，体现出对文章华丽文风的反思、对文体实用功能的强调，以及对儒学观念的革新。在千余年后的今天，《李元宾文集》仍然是我们学习借鉴的艺术典范。

　　对于笔者所做的工作，笔者认为，主要就是一系列的勘探、挖掘和分析工作。通过历史的遗留，即那些文字和篇章，穿越时空，还原历史真实。我们希望达到这样的目的：读者通过此书，能够感触到历史人物李观是一个活生生的存在，他曾有过鲜活的生命，有喜怒哀乐，有爱恨情仇，有公元 8 世纪文人的不得已和无奈，也有自己独具魅力的个性和文字。通过本书的努力，让历史中的人物复活，让沉寂的人事生动，让古人生存的意义和价值得以体现。如果笔者能为此做那么一点点事情的话，一千多年前的古人亦可告慰。

　　尽管我们对李观有了一定程度的认识，但依然存在着局限性。今后，笔者可以继续开展下列工作：版本注释方面，补足未搜集到的今藏吉林大学图书馆的《李元宾文编》三卷外编二卷的清初抄本（第一至四、九至十四叶为清叶树廉抄配）和今藏南京图书馆的《李元宾文集》五卷的清抄本（佚名校并录，清何焯校清丁丙跋）这两个善本。扩大训释范围，对校勘记进行充实完善，作《〈李元宾文集〉校注》。

参 考 文 献

[1] 班固：《汉书》，中华书局 1997 年版。

[2] 白居易：《白居易全集》，上海古籍出版社 1999 年版。

[3] 岑仲勉：《唐人行第录（外三种）》，中华书局 2004 年版。

[4] 晁公武：《衢本郡斋读书志》，江苏古籍出版社 1988 年版。

[5] 陈克明：《韩愈述评》，中国社会科学出版社 1985 年版。

[6] 陈鼓应：《庄子今注今译》，中华书局 1983 年版。

[7] 陈揆：《稽瑞楼书目》，中华书局 1985 年版。

[8] 陈寿：《三国志》，中华书局 1997 年版。

[9] 陈振孙：《直斋书录解题》，上海古籍出版社 1987 年版。

[10] 程千帆：《唐代进士行卷与文学》，上海古籍出版社 1980 年版。

[11] 戴圣：《礼记》，中华书局 1991 年版。

[12] 戴伟华：《唐代文学综论》，商务印书馆 2006 年版。

[13] 丁丙：《善本书室藏书志》，中华书局 1987 年版。

[14] 董诰等：《全唐文》，中华书局 1983 年版。

[15] 杜晓勤：《隋唐五代文学研究》，北京出版社 2001 年版。

[16] 范晔：《后汉书》，中华书局 1997 年版。

[17] 房玄龄：《晋书》，中华书局 1997 年版。

[18] 封演：《〈封氏闻见记〉校注》，中华书局 2005 年版。

[19] 傅璇琮：《唐宋文史论丛及其他》，大象出版社 2004 年版。

[20] 傅璇琮：《唐代科举与文学》，陕西人民出版社 2003 年版。

[21] 傅璇琮、张忱石、许逸民：《唐五代人物传记资料综合索引》，中华书局 1982 年版。

[22] 郭建勋：《楚辞与中国古代韵文》，湖南师范大学出版社 2001 年版。

[23] 郭绍愚：《沧浪诗话·诗评》，人民文学出版社 1961 年版。

［24］郭预衡 a：《中国散文史（中）》，上海古籍出版社 1993 年版。

［25］郭预衡 b：《中国古代文学史长编（隋唐五代卷）》，北京师范学院
出版社 1993 年版。

［26］洪迈：《容斋随笔》，上海古籍出版社 1996 年版。

［27］洪兴祖：《楚辞补注》，中华书局 1981 年版。

［28］胡大浚：《梁肃交游考》，《甘肃广播电视大学学报》2000 年第
2 期。

［29］胡大浚、张春雯：《梁肃年谱稿（上）》，《甘肃社会科学》1996 年
第 6 期。

［30］胡大浚、张春雯：《梁肃年谱稿（下）》，《甘肃社会科学》1997 年
第 1 期。

［31］胡戟、张弓：《二十世纪唐研究》，中国社会科学出版社 2002 年版。

［32］华忱之、喻学才：《孟郊诗集校注》，人民文学出版社 1995 年版。

［33］黄永年：《古籍整理概论》，上海书店出版社 2001 年版。

［34］慧皎：《高僧传》，中华书局 1992 年版。

［35］嵇璜等：《钦定续通志》，光绪十二年浙江书局本。

［36］计有功：《唐诗纪事》，上海古籍出版社 1987 年版。

［37］焦循：《孟子正义》，河北人民出版社 1986 年版。

［38］劳格、赵钺：《唐尚书省郎官石柱题名考》，中华书局 1992 年版。

［39］李翱：《李文公集》，上海古籍出版社 1993 年版。

［40］李昉 a：《太平广记》，中华书局 1966 年版。

［41］李昉 b：《文苑英华》，中华书局 1966 年版。

［42］李吉甫：《元和郡县图志》，中华书局 1983 年版。

［43］李玉安、陈传艺：《中国藏书家辞典》，湖北教育出版社 1989 年版。

［44］李元宾 a：《李元宾文集》，唐人三家集本 1830 年版。

［45］李元宾 b：《李元宾文编》，上海古籍出版社 1993 年版。

［46］李元宾：《李元宾文集》，载《丛书集成初编》，中华书局 1985
年版。

［47］李致忠：《古书版本学概论》，书目文献出版社 1990 年版。

［48］李子广：《科举与古代文学》，内蒙古教育出版社 1999 年版。

［49］林申清：《明清著名藏书家藏书印》，北京图书馆出版社 2000 年版。

［50］刘衍：《中国古代散文史》，高等教育出版社 2004 年版。

［51］刘向：《战国策》，上海古籍出版社 1998 年版。

［52］刘勰：《文心雕龙》，中华书局 1986 年版。

［53］刘昫：《旧唐书》，中华书局 1975 年版。

［54］刘永济：《文心雕龙校释》，中华书局 1962 年版。

［55］卢文弨：《抱经堂文集》，中华书局 1990 年版。

［56］陆贽：《重刻陆宣公翰苑集》，泾阳柏经正堂精刻本 1892 年版。

［57］罗根泽：《中国文学批评史》，上海书店出版社 2003 年版。

［58］罗联添：《韩愈研究》，台湾学生书局 1982 年版。

［59］吕不韦：《吕氏春秋》，岳麓书社 1988 年版。

［60］马端临：《文献通考》，中华书局 1986 年版。

［61］马克思、恩格斯：《〈路易·波拿巴的雾月十八日〉三版序言》，载
　　　《马克思恩格斯选集》，人民出版社 1972 年版。

［62］马自力：《中唐文人之社会角色与文学活动》，中国社会科学出版社
　　　2005 年版。

［63］孟永林、许有平：《李姓渊源及"陇西"李氏考略》，《天水师范学
　　　院学报》2006 年第 6 期。

［64］墨翟：《墨子》，上海古籍出版社 1989 年版。

［65］欧阳修等：《新唐书》，中华书局 1975 年版。

［66］欧阳修：《欧阳修全集》，中华书局 2001 年版。

［67］彭定求等：《全唐诗》，中华书局 1999 年版。

［68］屈守元、常思春：《韩愈全集校注》，四川大学出版社 1996 年版。

［69］钱冬父：《韩愈》，中华书局 1980 年版。

［70］钱基博：《韩愈志》，商务印书馆 1985 年版。

［71］钱穆：《记唐文人干谒之风》，载《中国文学论丛》，东大图书公司
　　　1983 年版。

［72］钱易：《南部新书》，中华书局 1985 年版。

［73］钱曾：《读书敏求记》，中华书局 1985 年版。

［74］钱仲联：《韩昌黎诗系年集释》，古典文学出版社 1957 年版。

［75］瞿镛：《铁琴铜剑楼藏书目录》，江苏广陵古籍印刻社 1985 年版。

［76］沈约：《宋书》，中华书局 1974 年版。

［77］司马迁：《史记》，中华书局 1959 年版。

［78］孙星衍：《平津馆鉴藏记》，载《丛书集成初编》，中华书局 1985

年版。

［79］谭正璧：《中国文学家大辞典》，上海书店出版社 1981 年版。

［80］陶敏、李一飞、傅璇琮：《唐五代文学编年史》，辽海出版社 1998 年版。

［81］陶敏、李一飞：《隋唐五代文学史料学》，中华书局 2001 年版。

［82］田恩铭：　《陆贽与中唐文学》，硕士学位论文，陕西师范大学，2005 年。

［83］脱脱等：《宋史》，中华书局 1985 年版。

［84］万曼：《唐集叙录》，中华书局 1980 年版。

［85］王定保：《唐摭言》，上海古籍出版社 1978 年版。

［86］王建：《中国古代避讳史》，贵州人民出版社 2002 年版。

［87］王溥：《唐会要》，中华书局 1955 年版。

［88］王钦若等：《册府元龟》，中华书局 1960 年版。

［89］汪荣宝：《法言义疏》，中华书局 1987 年版。

［90］王士禛：《池北偶谈》，中华书局 1982 年版。

［91］王素：《陆贽评传》，南京大学出版社 2001 年版。

［92］王先谦：《荀子集解》，中华书局 1988 年版。

［93］王先慎：《韩非子集解》，中华书局 1998 年版。

［94］王尧臣、欧阳修：《崇文总目》，中华书局 1985 年版。

［95］王运熙、杨明：《唐五代文学批评史》，上海古籍出版社 1994 年版。

［96］王重民：《中国善本书提要》，上海古籍出版社 1983 年版。

［97］吴庚舜、董乃斌：　《唐代文学史（下）》，人民文学出版社 1995 年版。

［98］吴广平：《宋玉集》，岳麓书社 2001 年版。

［99］吴相洲：《中唐诗文新变》，学苑出版社 2007 年版。

［100］吴在庆：《唐代文士的生活心态与文学》，黄山书社 2006 年版。

［101］吴则虞：《晏子春秋集释》，中华书局 1962 年版。

［102］肖占鹏：《隋唐五代文艺理论汇编评注》，南开大学出版社 2002 年版。

［103］徐松：《登科记考》，中华书局 1984 年版。

［104］严寅春：《李舟年谱考略》，《西藏民族学院学报》2006 年第 5 期。

［105］阎振益、钟夏：《新书校注》，中华书局 2000 年版。

[106] 杨伯峻：《列子集释》，中华书局 1979 年版。

[107] 杨伯峻：《论语译注》，中华书局 1980 年版。

[108] 杨伯峻：《春秋左传注》，中华书局 1981 年版。

[109] 杨天宇：《周礼译注》，上海古籍出版社 2004 年版。

[110] 杨遗旗：《〈欧阳詹文集〉校注》，华中科技大学出版社 2012 年版。

[111] 姚铉：《唐文粹》，浙江人民出版社 1986 年版。

[112] 叶昌炽：《藏书纪事诗附补正》，上海古籍出版社 1989 年版。

[113] 叶德辉：《书林清话》，中华书局 1957 年版。

[114] 袁行霈、罗宗强：《中国文学史（二）》，高等教育出版社 1999
年版。

[115] 余嘉锡：《世说新语笺疏》，中华书局 1983 年版。

[116] 余培德：《周易正义》，九州出版社 2004 年版。

[117] 郁贤皓：《唐刺史考全编》，安徽大学出版社 2000 年版。

[118] 袁珂：《山海经校注》，上海古籍出版社 1980 年版。

[119] 查屏球：《唐学与唐诗》，商务印书馆 2000 年版。

[120] 查屏球：《从游士到儒士——汉唐士风与文风论稿》，复旦大学出
版社 2005 年版。

[121] 章学诚：《文史通义》，中华书局 1956 年版。

[122] 詹姆斯·阿·海陶玮：《陶潜诗歌中的典故》，《九江师专学报》
1990 年第 2 期。

[123] 赵国璋、潘树广：《文献学大辞典》，广陵书社 2005 年版。

[124] 郑樵：《通志二十略》，中华书局 1995 年版。

[125] 中国古籍善本书目编委会：《中国古籍善本书目》，上海古籍出版
社 1998 年版。

[126] 周敏：　《韩愈诗文研究》，博士学位论文，南京师范大学，
2002 年。

[127] 周祖撰：《中国文学家大辞典（唐五代卷）》，中华书局 1992 年版。

[128] 朱金诚：《白居易年谱》，上海古籍出版社 1982 年版。

[129] 朱金诚：《白居易集笺校》，上海古籍出版社 1988 年版。

[130] 《辞源（修订本）》，商务印书馆 1979 年版。

[131] 《辞海》，上海辞书出版社 1999 年版。

[132] 《汉语大词典》，汉语大词典出版社 1988 年版。

后　记

　　中唐李观很少有人提及，《李元宾文集》也未被系统整理过，十分难读，又没有更多的资料可供参考，但正因为如此，我觉得趣味就在这一点。我投文集以满腔热忱，文集促使我进步与成长。通过对自身能力的开发和挖掘，我收获的不止是文稿本身。在探索过程中得到的东西，终将成为人生财富。

　　仰望夜空，满天星月，灿烂晶莹，令人释怀，恍若重生，欣喜异常。回首往昔，百感交集：曾孤独地行走在各大城市的图书馆之间，时而无助，时而欢喜；曾在几平方米的小屋里挥汗如雨，满怀丢失电脑的苦闷和悔恨，寂寞地品读着学问的甘辛；也曾怀揣着对未来的踌躇挥手别离道再见珍重。

　　一个人的时候，常常问自己：适合吗？走下去吗？事实上，自己选择的道路，如果不想办法走好它，如果没有能够走好它，那这个选择无论自己宣称是多么无悔，它的失败也是无法逃避的。我面临着这样的困惑，也时常经受着失败的痛苦。

　　时隔六年，再度翻阅书稿，心中涌动的既有幸运，也有幸福。衷心感谢我的恩师刘真伦教授对我的谆谆教诲和悉心指导，引领我走上学术之路。在我攻读博士学位的三年时间里，他给予了我生活上、学习上无微不至的关心。始终对学生的无知用博大的心胸给予宽容和关怀。恩师对我的指导和影响之大，怎样言说都表达不尽，自己取得的点滴成绩无不凝聚着恩师的心血。恩师国际化的视野，前沿而精髓的学术造诣，严谨勤奋的治学风格，都让我永志不忘，激励我前行，给我勇气和力量。此时不能不提及师母岳珍教授，师母的大家风范常使我感到无比温暖，也使我对世事人心充满希望。

　　衷心感谢我的另一位恩师杨正业研究员，在我孤独无援、悲观失望的时候，他给予了我极大的鼓励和帮助，我对他满怀感激之情。

衷心感谢我的母亲钱丽丽女士，她对我无条件支持，支撑我走到现在，对我的拖累不以为意，常让我心酸不已。

书稿得以顺利出版发行，离不开中国社会科学出版社的大力支持。书稿中存在的错误疏漏之处，敬请方家批评指正。